Sabine Thiel – Rom Preiswert

interconnections

Rom Preiswert

von Sabine Thiel

interconnections

Herausgeber Georg Beckmann

Impressum

Reihe *Wegfahren und Geldsparen*

Rom Preiswert, Sabine Thiel
in Zusammenarbeit mit Emanuele Laudanna
Herausgegeben und bearbeitet von Georg Beckmann

interconnections, Freiburg
Satz: Satzbüro anschläge H. Fiedler
Umschlagentwurf: Anja Semling

ISBN 3-924586-44-6

Inhalt

EINLEITUNG

SPQR! Wer hat nicht schon im Lateinunterricht, oder aber in Rom über einen Kanaldeckel stolpernd, dieses bedeutende, jahrhunderte alte Zeichen für "römisches Gemeindegut" gesehen? Tatsächlich finden wir es noch in einem vielleicht weniger wissenschaftlichen, aber trotzdem bekanntem Werk: den "Asterix und Obelix" – Comicheften. Und noch einen anderen denkwürdigen Satz finden wir dort: Obelix pflegt regelmäßig und zum Vergnügen der Leser zu wiederholen: "Die spinnen die Römer". Nun mögen mich meine Leser entschuldigen, daß ich es gewagt habe, diese beiden grundverschiedenen Dinge in einem Atemzug zu nennen. Doch so komisch es klingen mag, so besteht eine enge Verbindung zwischen dem ehrenhaften Zeichen der Stadt und der weniger respektvollen Aussage von Obelix. Wer sich in Rom aufhält, möge doch einmal einen zufällig ausgewählten Römer nach der Bedeutung der vier Buchstaben SPQR fragen. Wenn er nicht gerade ein Achselzucken erntet – denn wenige Römer kennen ihre eigene Geschichte – wird er sicherlich, von einem sympathischen Grinsen begleitet, folgende Antwort erhalten: "Sono Pazzi Questi Romani". und das ist doch tatsächlich die wörtliche Übersetzung des Satzes unseres Comichelden: "Die spinnen, die Römer".

Zufall, oder sollte etwa auch dieser Satz historisch begründet sein? Auch wenn ich dieses Geheimnis nicht lüften möchte, so will ich wenigstens verhindern, daß die Leser dieses Führers während ihres Romaufenthaltes, Obelix zitieren möchten. Denn verloren, verwirrt und nur von "Spinnern" umgeben, so kann man sich als Fremder in Rom zuweilen schon fühlen. "Für Rom reicht ein ganzes Leben nicht", geschweige denn ein kurzer Besuch: viel gibt es zu sehen, zu entdecken, zu erfahren, da kann der Kopf schon einmal schwirren vor lauter neuen Eindrücken. Und wenn man es dann schon schwer hat, ein einsames, nicht von Verkehr und Touristenmassen belästigtes Plätzchen zu finden, wo man in aller Ruhe bei einem eisgekühlten Getränk seine Erlebnisse verarbeiten kann, beginnt der Urlaub zum Streß zu werden.

Ganz werden sich diese Situationen auch nicht vermeiden lassen, aber wie es einfacher, nervenschonender und preiswerter geht, dabei kann Ihnen dieser Führer sicherlich behilflich sein. Gerade wenn Sie sich endlich einmal abseits der Touristenwege auf der Suche nach der "römischen Atmosphäre" begeben. Denn es gibt sie noch, die kleinen, typischen Restaurants und Cafés, den billigen Trödelladen, in dem man unerwarteterweise auf sein Traumkleid stößt, und die nur von alten Männern besuchte Weinschänke. Es gibt das junge, lebendige, aufregende Rom, das für jeden Geschmak, für jede Idee, für jedes Alter Platz und Offenheit beweist. Wie man von einer Katze sagt, sie habe sieben Leben, so muß man bei Rom sicherlich ein Vielfaches dazugeben, um die Fülle an neuen Dingen, Lebensstilen und Eindrücken verarbeiten zu können.

In der Überzeugung, Ihnen bei der Suche nach "Ihrem Rom" mit Rat und Tat zur Seite stehen zu können, haben wir diesen Band konzipiert. Wir haben alle hier aufgeführten Geschäfte, Hotels und Lokale von Ihrem Kommen unterrichtet; einige gewähren Ihnen sogar einen Preisnachlaß, wie Sie im Adressenteil erkennen können.

Ein letztes Wort bevor ich Sie ins Getümmel zum Einkaufen und Freizeitspaß entlasse: Auch wenn Rom flächenmäßig eine riesengroße Stadt und auf den ersten Blick kaum zu erfassen ist, habe ich eine Aufteilung in Zonen bewußt vermieden. Die Außenbezirke Roms sind fast ausschließlich Wohngebiete ohne besondere Attraktion. Das eigentliche Geschehen konzentriert sich auf ein überschaubares Zentrum, das über ein gutes Verkehrsnetz verfügt. Hier gibt es überall etwas zu sehen, jeder Hinterhof birgt sein Geheimnis, jede Gasse ihren Schatz; ich empfehle Ihnen daher auch eimal einen Fußmarsch, um alle liebenswerte Details zu entdecken. Zur besseren Orientierung finden Sie bei jeder Adresse den Namen des Stadtviertel (Trastevere, Prati, Flaminio u.a.), dessen Lage Sie leicht dem beigefügten Stadtplan entnehmen können. Viel Spaß beim Lesen und einen erlebnisreichen Urlaub wünscht Ihnen

Sabine Thiel

Anreise

Italien ist immer noch eines der beliebtesten Ferienländer der Deutschen. Man vergleicht es gern mit dem "europäischen Amerika", denn es gibt kaum ein Land, welches dem Urlauber eine solche Vielfalt an Ferienmöglichkeiten bietet: Skifahren in den Alpen, Surfen auf dem Gardasee, Strandurlaub an der Adria und Riviera, Schnellbootfahren vor Napoli und Vulkanwandern auf dem Stromboli... vom nebligen Milano über das milde Rom bis hin zum sonnenversengten Sizilien, alles kann man haben. Doch die Krönung einer jeden Italienreise ist sicherlich ein Besuch seiner Hauptstadt Rom. Ein bißchen den Geist der alten und neuen Geschichte aufzusaugen, sich ein wenig dem "dolce vita" der Ewigen Stadt hinzugeben, ist ein unvergeßliches Erlebnis.

Personalausweis von Rom

Rom ist die Hauptstadt Italiens und Sitz des Vatikanstaates. Ursprünglich auf sieben Hügeln (Palatin, Quirinal, Esquilin, Caelius, Vivinal, Aventin und Kapitol) erbaut, hat sich die Stadt in alle vier Himmelsrichtungen ausgebreitet und umfaßt heute über 150.000 Hektar bei einer etwa 280 Km langen Stadtgrenze, von der 41 Km entlang dem Meer verlaufen. Aus den sieben Hügeln sind zwanzig geworden; bei Ihren Stadtbummeln geht's also fortwährend rauf und runter. Der niedrigste Punkt (13 m über dem Meeresspiegel) ist die Piazza del Phanteon, der höchste Punkt (120 m) ist die Sternwarte Monte Mario. Die Stadt Rom ist in 18 Stadtviertel unterteilt, doch kaum ein Römer kennt genau ihre Grenzen, im allgemeinen hält man sich noch an die alte Stadtaufteilung mit ihren 45 kleineren Stadtviertel. Die Stadt wird von einem Bürgermeister und einem Gemeindeausschuß von 18 Mitgliedern verwaltet. Diese werden aus den 80 Mitgliedern des Stadtrates bestimmt, der seinerseits von den Bürgern für 5 Jahre gewählt wird. Derzeit zählt die Stadt über 2.8 Millionen Ortsansässige, jedoch schätzt man, daß zusammen mit den nicht gemeldeten Personen und den Pendlern über 3,7 Millionen Menschen auf der Stadt lasten. Die Geburten halten sich mit den Todesfällen die Waage, der Zu- und Fortzug ist ausgeglichen. Durchschnittliche Temperaturen: Im Winter 7 Grad, im Sommer 24

Grad; am häufigsten regnet es von Oktober bis Dezember, am wenigsten von Juli bis August. Die windigste Jahreszeit ist der Winter.

Informationen

Wer gerne schon vor der Ankunft in Rom seine Reise organisieren möchte, kann bei folgenden Adressen telefonisch oder schriftlich Prospekte anfordern. Diese Stellen senden Ihnen dann kostenlos Material und Erläuterungen zu den verschiedensten Sehenswürdigkeiten, aktuelle Veranstaltungskalender usw. und geben auch gern Auskunft zu individuellen Anfragen:

Staatliches Italienisches Fremdenverkehrsamt, *Berliner Allee 26, 4000 Düsseldorf (Tel: 0211/377035)*

Staatliches Italienisches Fremdenverkehrsamt, *Kaiserstraße 65, 6000 Frankfurt (Tel 069/231213)*

Staatliches Italienisches Fremdenverkehrsamt, *Goethestraße 20, 8000 München 20 (Tel. 089/530369)*

In Rom selbst wenden Sie sich bitte an folgende Touristeninformationszentralen, die auch Hotelreservierungen vornehmen können:

Ente Provinciale per il Turismo (ENT),
Via Parigi 5 (463748) (Zweigstellen im Flughafen L. da Vinci und im Hauptbahnhof)

ENIT (Ente Nazionale per il Turismo),
Via Marghera 2, Tel: 4971282

Staatliches Italienisches Fremdenverkehrsamt (ENIT),
Kärntnerring 4, A – 1010 Wien (Tel.: 01/654374)

Staatliches Italienisches Fremdenverkehrsamt (ENIT),
2, rue du Marché, CH-1204 Genf (Tel.: 022/282292)

Staatliches Italienisches Fremdenverkehrsamt (ENIT),
Uraniastraße 32, CH – 8001 Zürich (Tel.: 00/2113633)

Versicherung

Es ist ratsam, eine Reisediebstahlversicherung für das Gepäck, die Ausweise und andere Wertgegenstände abzuschließen. Wie überall werden auch in Rom zur Sommerzeit gerne die "reichen" Touristen erleichtert und ihre Wagen aufgebrochen. Vergessen Sie nicht, den europäischen Krankenschein ihrer Krankenkasse.

Ein- und Ausfuhrbestimmungen

Mit einem gültigen Personalausweis können Mitglieder der EG-Länder die Grenzen überschreiten. Ausländische Währung darf in Form von Bargeld oder Scheck in beliebiger Höhe, in Lire nur bis zu einem Betrag in Höhe von 400.000 Lire, ein- und ausgeführt werden. Scheck oder Kreditkarten empfehlen sich ohnehin als Zahlungsmittel, da sie in vielen Hotels und Geschäften angenommen werden und höhere Sicherheit bieten.

Autofahrer brauchen die gültige grüne Karte; weiterhin benötigen Autofahrer, die nicht mit ihrem eigenen Wagen fahren, eine Vollmacht des Besitzers. Zu einem Urlaub kann man sich bis zu drei Monaten in Italien aufhalten. Nähere Informationen zu den Aufenthaltsbedingungen und Ausländerfragen können Sie im letzten Kapitel dieses Buches nachschlagen.

An Waren dürfen pro Person ein- und ausgeführt werden: Schmuck zum persönlichen Gebrauch, 2 Fotoapparate und 10 Filme, eine Kleinformatfilmkamera und 10 Filme, ein Plattenspieler und 10 Schallplatten, ein Tonbandgerät, ein tragbares Radio oder Autoradio, ein Feldstecher, ein Fahrrad, 2 Paar Ski, 2 Tennisschläger, Campingausrüstung und Dinge des persönlichen Gebrauchs.

An Lebens- und Genußmittel dürfen Sie folgendes zollfrei über die Grenze führen: 300 Zigaretten, 150 Zigarillos oder Zigarren, 400g Tabak, Spirituosen (über 22% Alkohol) 1,5 Liter, 8 Liter Wein (+3 Liter Schaumwein), 200g Tee, 80g Teeauszug, 100g Kaffee bzw. 400g Kaffeeauszug, 75g Parfum und 10 Liter Treibstoff im Kanister.

Für Hunde und Katzen ist eine Herkunftsurkunde, sowie ein Gesundheitszeugnis mit notariell beglaubigter Übersetzung erforderlich. Für Hunde sind Maulkorb und Leine vorgeschrieben.

Für Autofahrer

Wer mit dem eigenen Auto kommt, sollte sich vor der Abfahrt beim *ADAC-Club, dem Touring Club Schweiz (Tel.: 022/371212), dem ÖAMTC (Tel.: 01/72990)* oder bei den Banken nach einem "Benzinpaket" für Italien erkundigen. Sie sind in vier Versionen erhältlich. Für Rom eignet sich das Gutscheinheft "Italien Mitte", das eine Treibstoffkarte, 12 Benzingutscheine 15.000 Lire sowie 8 kostenlose Mautgebührenscheine enthält. Hinzu kommt ein Benzingutschein in Höhe von 120.000 Lire, der bei den Enitzentralen oder den Automobilclubs in Rom in 6 Gutscheine zu 20.000 Lire umgetauscht werden muß. Das Paket kostet zur Zeit 350 DM und erspart Ihnen rund 100 DM. Auch für Touristenbusse gibt es besondere Vergünstigungen.

Wer sich im Besitz eines Gutscheinheftes befindet, hat darüberhinaus Anspruch auf kostenlose Benutzung eines Ersatzwagens für maximal 10 Tage für den Fall, daß der eigene Wagen für mindestens 12 Stunden ausfällt. Auch der Abschleppdienst erfolgt kostenlos. Wenden Sie sich in derartigen Fällen immmer an den römischen **Automobile Club (ACI)**, dessen Büros Sie unter folgenden Adressen finden:

Viala Christoforo Colombo 261
Via Marsala 3
via Flaminia 381/1
Via dei Graccni 142
Via Pinerolo 5
Via Sebino 39
Via Salaria 721 (c/o Autoimport)

Die Öffnungszeiten montags bis freitags von 8.30 bis 12.30 Uhr. Als weiterer kostenlosen Kundendienst hält der italienische Automobile Club einen nationalen Telefondienst für jeden Autofahrer bereit. Unter der Nummer 116 (ohne Vorwahl) kann von jedem Ort aus, ein Hilfsdienst erreicht werden, der nicht nur bei Autopannen einspringt, sondern Touristen auch Auskünfte aller Art erteilt. Bleifreies Benzin gibt es bisher nur an 37 Autobahntankstellen in ganz Italien. Das Superbenzin kostet zur Zeit 1290 Lire, das Normalbenzin 1130 Lire, Diesel hingegen nur 670 Lire. Wer einen Unfall hat und die Sache ohne Polizei regeln möchte, der sollte sich die Daten des Fahrers und der eventuell vorhandenen Zeugen sowie Namen und Nummer der Versicherungsgesellschaft aufschreiben. Die meisten Reisenden mit dem Wagen werden über die A1, die "Autostrada del Sole", in Rom ankommen. In Italien ist die Benutzung der Autobahn an eine Gebühr gebunden, die sich, außer an den gefahrenen Kilometern nach der Steuerpflicht und der Nutzlast des Wagens richtet. Wer daher schon auf der Herfahrt Geld sparen möchte und etwas Zeit hat, kann auf bequem ausgebaute und landschaftlich oft sogar schönere Landstraßen ausweichen. Die Aurelia führt z.B. ab Genua lange Strecken entlang dem Meer. Wie wäre es mit einem ersten Badevergnügen? Weitere Möglichkeiten: die Cassia ab Florenz oder die Flaminia ab der nordadriatischen Küste durch Umbrien, die Salaria und die Tiburtina von der Mitteladria durch die Abbruzzen, landschaftlich auch sehr empfehlenswert.

Das Sprichwort "Alle Straßen führen nach Rom" gilt auch heute noch. Man trifft aus allen Richtungen auf den "Grande Raccordo Annulare" eine Stadtautobahn, die Rom umschließt. Einmal dort angekommen, ist es dank der guten Ausschilderung nicht mehr schwer den gewünschten Stadtteil zu finden. Seit Anfang 1987 beginnt man auch in Rom, Teile des Stadtzentrums für den Autoverkehr zu schließen. So ist zwischen 7 und 10 Uhr morgens der gesammte Stadtkern (s. Karte) gesperrt und darüberhinaus folgende Straßen ohne Zeitbegrenzung: Via Condotti, Piazza di Spagna, Piazza del Pantheon, Piazza Navonna.

Mit der Mitfahrzentrale

Die Fahrt mit der Mitfahrzentrale ist immer noch die billigste Reisemöglichkeit. Wer von zuhause aus keine direkte Mitfahrgelegenheit unmittelbar bis nach Rom findet, kann trotzdem sehr billig wegkommen, wenn er nach Überschreiten der italienischen Grenze von Mailand, Florenz oder anderen Städten den Zug nimmt, der in Italien um einiges billiger ist als daheim.

In Rom selbst gibt es keine Mitfahrzentrale; alle Versuche sind gescheitert, aber auf dem Aushangbrett der internationalen Bücherläden *Herder, Piazza Monteciterio 117 (Tel: 6794628)* und des *Goethe-Institutes* werden auch oft Mitfahrgelegenheiten nachhause angeboten. Es lohnt sich, mal vorbei zu schauen. Im Verlag *interconnections* ist ein Buch erschienen unter dem Titel "Mitfahrzentralen in Europa" mit einem Verzeichnis aller bekannter Zentralen im In- und Ausland sowie mit ausführlichen Informationen über Vermittlungsbedingungen, Gebühren, Versicherungsschutz u.ä. Erhältlich im Buchhandel oder beim Verlag gegen Scheck oder Briefmarken gegen DM 12,80 frei Haus.

Mit dem Bus

Auch Busunternehmen machen günstige Fahrangebote nach Rom, die bekanntesten sind *Magic Bus* und *Europabus*. Fragen Sie einmal in Ihrem Reisebüro oder in der Mitfahrzentrale nach den Abfahrtzeiten. Die Fahrkarte kostet einfach um die 150 DM.

Mit dem Zug

Die Zugfahrt von Deutschland nach Rom dauert je nach Abfahrtsort in Deutschland zwischen 16 und 24 Stunden. Der Zug ist. besonders mit Touristen und Studentenvergünstigungen, ein billiges und beliebtes Reisemittel: junge Reisende unter 26 Jahren haben Ermäßigungen durch *Wasteels, Transalpino, Inter-Rail* und *Twentours*.
Hier die Hauptniederlegungen von Transalpino und Wasteels:

Transalpino, *Hohenzollernring 47, 5000 Köln 1, Tel. 0221/25 30 46*
Transalpino, *Obernring 7, 1010 Wien 1, Tel. 01/57 44 95*

Wasteels, *Quatermarkt 5, 5000 Köln 1, Tel. 0221/20 80 50*
Wasteels, *Militärstraße 85, 8004 Zürich, Tel. 01/242 16 15*

Darüberhinaus gewährt die Italienische Eisenbahn ab 4 Personen Gruppenkarten sowie eine bis zu 5 Personen gültige Streckenermäßigungskarte, mit der man max. 3000 km einzeln oder in der Gruppe in max. 20 Einzelfahrten zurücklegen kann. Die Gültigkeitsdauer beträgt immer zwei Monate. BTLC ist eine Touristenkarte mit der die Zuschläge für besondere Züge und die Platzreservierung kostenlos erfolgen. Die meisten Reisenden werden auf dem Hauptbahnhof, der "Statione Termini", ankommen. Wer noch keinen hat, sollte sich gegenüber Gleis 1 einen Stadtplan und den Veranstaltungskalender geben lassen. Im Bahnhofsgelände befinden sich auch ein öffentliches Bad, einige Geschäfte und Bars, eine internationale Telefonzelle und eine

Bank mit Wechselstube. Letztere ist auch feiertags von 8.30 bis 14.30 Uhr sowie jeden Nachmittag bis 18.30 Uhr geöffnet. Die Gepäckaufbewahrung erfolgt nicht in Schließfächern, sondern bei einer rund um die Uhr geöffneten Gepäckaufgabe, bei der man 300 Lire pro aufgegebenem Gepäckstück für 24 Stunden zahlt. Die Gepäckträger verlangen 1000 Lire pro Gepäckstück vom Bahnsteig bis zum Taxistand.

Die *Bahnhofspolizei* erreichen Sie unter der Nummer 4754941, das *Fundbüro* der Eisenbahn unter der Nummer 46306632 und die *Auskunft* hat die Nummer 4775; alle diese Büros finden Sie auch im Bahnhofsgelände.

Auf dem Bahnhofsvorplatz, Piazza del Cinquecento, befindet sich der große Busbahnhof mit Busverbindungen zu allen Stadtteilen Roms. Auch die U-Bahn und die Bahnlinie Rom-Ostia führen unter dem Gelände her. Der Piazza del Cinquento ist nicht nur ein historisch bedeutender Platz, sondern auch ein Sammelplatz für verschiedene Vogelarten, die von hier gen Süden fliegen. So kann man in der entsprechenden Jahreszeit auf der Piazza die schönsten Schauspiele ihrer Flugkunst bewundern. Es ist nicht ratsam, sich auf dem Bahnhofsgelände in ein Gespräch, geschweige denn ein Geschäft mit den Händlern dort und Zigeunern einzulassen, die von Hotelzimmern über Sonnenbrillen und Feuerzeugen alles anbieten. Die Ware bekommen Sie anderswo sicherlich billiger und zu besserer Qualität.

Mit dem Flugzeug

Von Frankfurt/Main gibt es einen Charterflug mit den "Somali Airlines", der Sie innerhalb von 2 Stunden nach Rom bringt und nicht viel teurer als die Bahnkarte ist. Die Maschine fliegt montags und freitags von Frankfurt ab; montags und donnerstags ist der Rückflug. Das Flugticket ist ein Jahr gültig und kostet zur Zeit 470 DM. Fragen Sie aber auch mal in Ihrem Reisebüro nach weiteren Angeboten.

Rom hat zwei Flughäfen: etwas außerhalb in Fiumicino, liegt der internationale Flughafen Leonardo da Vinci (Tel: 60121), auf dem die meisten Flüge ankommen. Die billigste Möglichkeit, von dort das Stadtzentrum zu erreichen, ist per Bus, der in regelmäßigen Abständen alle Viertelstunde, vom Flughafengelände abfährt. Die Fahrtkosten betragen 5.000 Lire und der Bus fährt Sie, auch an anderen Stellen im Stadtbezirk haltend, bis zum Hauptbahnhof. Das Taxi ist sehr teuer, da ein Zuschlag von 5.500 Lire pro Fahrt zusätzlich zum Betrag auf dem Taxameter gezahlt werden muß.

Der zweite, wesentlich kleinere Flughafen, Ciampino (Tel: 600251), dient fast ausschließlich nationalen Charterflügen und ist auch nur durch sehr unregelmäßig verkehrende Linienbusse zu erreichen.

Wissenswertes

Fremdes Land, fremde Sitten! Jeder Staat hat seine eigene Organisation und Ordnung. Als Fremder und Tourist kann es Ihnen dann schon mal passieren, daß Sie mit den alltäglichen Dingen wie Telefonieren, Einkaufen oder Geldwechseln nicht mehr zurechtkommen. Im folgenden daher Erläuterungen zu einigen Unterschieden zum Gewohnten sowie nützliche Tips.

Bank und Währung

Die Währung ist die Lira. Die italienische Regierung hatte für Januar 1987 die Einführung der "Lira pesante", der schweren Lira, vorgesehen. Das hätte den Wegfall der letzten drei Nullen der Währung bedeutet und somit das lästige und aufwendige Rechnen in Tausendern und Millionen erspart. Da dies aber eine enorme Umstellungsarbeit erfordert und sich in Italien meist alles verspätet, ist auch dieses Vorhaben auf ein späteres Datum verschoben worden. Zur Zeit entsprechen 1.000 Lire etwa 1.45 DM.

Fast alle Banken haben eine Wechselkasse und nehmen Traveller- und Eurochecks an. Sie sind montags bis freitags von 8 Uhr bis 13 Uhr 30 geöffnet; viele öffnen auch nachmittags eine Stunde zwischen 15 und 16 Uhr. Die wichtigsten Banken und ihre Filialen liegen im Zentrum:

Banca d'Italia, *Via Nazionale 91 (46721)*
American Express Bank, *Via Due Macielli 9 (67271)*
Banco di Roma, *Via del Corso 374 (67001)*
Credito Italiano, *Via del Corso 374 (67021)*
Banca Nazionale del Lavoro, *Via V. Veneto 11*

Bürokratischen Aufwand – in der Bank muß man immer einen Personalausweis vorzeigen – und Sprachschwierigkeiten vermeidet man meistens in den Geldwechselstuben. Diese sind auch oft länger sowie samstagsvormittags geöffnet. Hier die größeren:

American Service Bank, *Piazza Mignanelli 5 (6788874)*
Eurocambio, *Via F. Crispi 15 (4759834)*
Aurum, *Via delle Vite 18*
Societa Rosati, *Via Nazionale 186 (645498)*
Via Viggi, *Via Due Macelli 105 (6796580)*
Stazione Termini, *Bahnhofsvorhalle*
(auch feiertags von 8 Uhr bis 14 Uhr 30 geöffnet)

Tip: samstags und feiertags bilden sich besonders am Bahnhof lange Schlangen und Wartezeiten bis zu 2 Stunden sind durchaus normal. Wer es also gar nicht vermeiden kann, an diesen Tagen Geld zu wechseln, hat zumindest samstags bis 12 Uhr eine Ausweichmöglichkeit: in der Via Marsala 36, etwa hundert Meter von der Bahnhofsvorhalle entfernt, befindet sich ein kleines, selten volles Wechselbüro, das keinen schlechteren Kurs bietet.

Noch etwas, bevor Sie in diesen Tagen Geld wechseln, fragen Sie lieber einmal in Ihrem Hotel nach. Die meisten Hotels und Restaurants nehmen mittlerweile ausländische Währungen an, besonders wenn es sich um die gefragte DM oder Schweizer Franken handelt.

Post und postalische Bezirke

Es gibt die italienische Staatspost, la *Posta Italinana* und die Vatikanpost, wobei sich letztere nur innerhalb des Vatikangeländes befindet. Post und Telefon werden anders als in Deutschland, von zwei verschiedenen Organisationen verwaltet.

Der Hauptsitz der italienischen Post auf der Piazza San Silvestro hat Öffnungszeiten von 8 Uhr 30 bis 21 Uhr, samstags von 8 Uhr 30 bis 12 Uhr. Dort befindet sich auch ein durchgehend geöffnetes Telegrafenamt und eine internationale Telefonzelle.

Das Porto innerhalb Europas beträgt 600 Lire für einen Brief und 500 Lire für eine Postkarte. Selten erhält man an den normalen Postschaltern Sonderbriefmarken. Wer darauf Wert legt, kann in der Via Moretto (Nähe Hauptpost) in der Sondermarkenabteilung der Post die zur Zeit gültigen Sondermarken erhalten.

Telegramme sind sehr teuer, das Wort kostet 426 Lire, die Grundgebühr nach Deutschland beträgt 11590 Lire. Tip: Wer ein Telegramm aufgeben möchte, sollte sich überlegen, ob es sich nicht lohnt, eine Nachricht über Telefax zu senden. Für 10.500 Lire kann man eine Din A4-Seite nach Hause durch Fotokopie übertragen lassen, die innerhalb eines halben Tages beim Empfänger ankommt, d.h. oft sogar noch schneller als ein normales Telegramm ist. Nicht vergessen, das Original wieder mitzunehmen.

Die Post ist leider nicht sehr zuverlässig und benötigt zum Transport eines Briefes oder einer Postkarte durchschnittlich eine Woche. Vor wenigen Jahren noch wanderten während eines Streiks der Postler die Postsäcke, die sich in den Ämtern gestaut hatten, direkt zu verschiedenen Papiermühlen. Es gibt 118 Postämter in Rom. Die größeren unter ihnen (Öffnungszeiten wie die Hauptpost) finden Sie unter folgenden Adressen:

S. Giovanni, *Via Taranto*
Aurelio, *Via Frederico Galeotti*
Eur, *Viale Beethoven*
Monte Sacro, *Viale Adriatico 136*
Nomentano, *Piazza Bologna*
Prati, *Viale Andreotti 1*
Belsito, *Piazzale Medaglie d'Oro*
Ostiense, *Via Marmorata*
Tor Pignatara, *Via C. di Puglia 14*

Das Postamt am Hauptbahnhof, Via Marsala, ist von 7 Uhr bis 24 Uhr durchgehend geöffnet.

Die Vatikanpost befördert die Briefe meist schneller und zuverlässiger. Zudem zeichnet sie sich durch hübschere Briefmarken und Stempel aus. Man muß nur immer zum Petersdom fahren, um seine Post einzuwerfen. Bei Einwurf von Briefen mit Vatikanbriefmarken in Briefkästen der italienischen Post gelten diese als unfrankiert!

Rom ist aufgrund seiner Größe in verschiedene Postbezirke aufgeteilt, die auch unterschiedliche, oft sogar mehrere Postleitzahlen, haben. Hier kann ich Ihnen nur die Zuteilung der Zahlen für die Bezirke geben. Es reicht aber aus, wenn Sie eine aus dem jeweiligen Bezirk nehmen, um eine Adresse dort anzuschreiben. Auch im Straßenverzeichnis, *Tutto citta*, ist bei jedem Straßennamen die dazugehörige Postleitzahl angegeben.

Roma Ostia Antica 00119; Lido di Ostia 00121 – 00122; Roma la Storta 00123; Roma Monte Mario, Balduina 00135 – 00136; Montesacro 00137 – 00138; EUR 00142 – 00143 – 00144.- 00145 – 00146 – 00147; Magliana 00148; Ostiense 00149; Nomentano 00155 – 00156 – 00157 – 00158 – 00159 – 00160 – 00162; Aurelio 00163 – 00164 – 00165 – 00166 – 00167 – 00168; Tuscolano 00173 – 00174 – 00175 – 00169; Torpignattara 00171 – 00172 – 00176 – 00177; Capanelle 00178; Appio 00179 – 00181 – 00182 – 00183; Prati / Flaminio 00188 – 00189 – 00191 – 00192 – 00193 – 00194 – 00195 – 00196; Esquilino 00184 – 00185; Parioli 00197; Centre Storico 00186 – 00187; Bahnhof 00189 – 00199.

Alle Ämter und Kasernen sowie bei Unsicherheit 00100 (Hauptpost); Citta del Vaticano 00120.

Telefon und wichtige Telefonnummern

Das Telefon wird von einer privaten Gesellschaft, der SIP, verwaltet. Außer von den Telefonzellen, die oftmals außer Betrieb sind und in denen Sie nie ein Telefonbuch finden werden, kann man von Bars oder Geschäften aus telefonieren, die außen mit einer gelben Telefonwählscheibe gekennzeichnet sind. Die alten Telefonapparate laufen ausschließlich über Telefonmünzen, *gettoni*, die Sie in der Bar selbst, an den dafür vorgesehenen Automaten oder in den SIP-Telefonstellen erhalten. Eine solche Münze ist 200 Lire wert. Die neueren Apparate nehmen auch 200 Lire oder zwei 100 Lire-Münzen an. Innerhalb von Rom können Sie 150 Sekunden pro Einheit telefonieren. Die Vorwahl von Deutschland ist 0049, die der Schweiz 0041 und nach Österreich 0043. Zwischen 22 und 8 Uhr, sowie sonn- und feiertags gilt der verbilligte Tarif, mit dem Sie 7,80 Sekunden pro Zeiteinheit nachhause telefonieren können, anstatt 6,25 Sekunden zu anderen Zeiten. Die Vorwahl von Italien ist 0039, von Rom 06. Bei Durchwahl aus dem Ausland fällt die Null vor der Vorwahl der Stadt weg.

An folgenden Adressen gibt es SIP-Telefonstellen, in denen Sie ohne Angst auf schlechte Verbindung oder Hintergrundgeräusche ins In- und Ausland telefonieren können. Dort vermeiden Sie auch das lästige Münzeneinwerfen, da Ihr Gespräch über einen Zähler läuft und hinterher an der Kasse bezahlt wird:

SIP, *Tiefgarage Pinciana (8 bis 20 Uhr 45)*
SIP, *Corso Vittorio Emanuele 57*

sowie am Hauptbahnhof und folgenden Postämtern:

Hauptpost, *Piazza San Silvestro*
Palazzo delle Poste, *Via Mazzin*
Ufficio Postale, *Via di Porta Angelica*

Bei der Tiefgarage Porta Pinciana gibt es Telefonkabinen, die mit Magnetkarten im Wert von 6-10.000 Lire funktionieren und deren Wert während des Telefonierens automatisch abnimmt. Diese Magnetkarten sind in jedem Tabakgeschäft erhältlich.

Wichtige Telefonnummern:

Notrufstelle 113	Störungsannahme 182
Zentralpolizei 4686	Telefonauskunft 12
Polizeinotdienst 112	R- Gespräche 15
Straßenhilfe 116	Zugauskunft 4775
Krankenwagen 5100	Busauskunft ATAC 4695
Nachtapotheke 1921	Weckdienst 114
Deutsches Konsulat 864003	Uhrzeit 161
Feuerwehr 44444	Erste Hilfe für Touristen 462371

Polizei

In Italien existieren drei verschiedene Kategorien der Polizei: die "Vigli urbani", die "Carabinieri" und die "Polizia". Die Vigli Urbani sind ausschließlich für den Straßenverkehr zuständig, die Policia vertritt die gesetzliche Rechtsordnung und die Carabinieri sind eine militärische Gruppe zur Unterstützung der Polizei. Außerdem sind noch die Wachposten, die Militärs und die "Guardia delle Finanze", zum Tragen einer Schußwaffe berechtigt. Erschrecken Sie daher nicht, wenn Sie an einer Ecke auf immer anders Uniformierte stoßen, die mit einer MP oder zumindest einer Pistole ihren Dienst tun.

Im Falle eines Unfalls oder Diebstahls wenden Sie sich bitte immer an die nächste Polizeistelle, die auch unter dem Notruf 112 oder der Rufnummer 4686 zu erreichen ist.

Krankheit

Den Krankenwagen können Sie unter der Nummer 5100, den Notdienst unter den Nummern 113 und 462371 (für Touristen) erreichen. Folgenden Krankenhäuser besitzen eine Notdienststelle:

Policlinico Umberto 1, *Viale del Policlinico (Tel: 490771)*
S. Camillo, *Circovallazione Gianicolense, 81 (Tel: 58701)*
S. Eugenio, *Piazzale dell'Umanesimo (Tel: 5904)*
S. Filippo, *Via Martinotti 20 (Tel: 67261)*
S. Giovanni, *Via Amba Aradam (Tel: 77051)*
S. Spirito, *Lungotevre in Sassia (Tel: 540823)*
Policlinico, *A. Gemelli 8 (Tel: 33051)*

Für plötzliche Zahnschmerzen steht Tag und Nacht die Odontoiatria des Krankenhauses **G. Eastman**, *Viale Regina Elena 287/b (Tel: 49119)* zur Verfügung. Erste Hilfe ins Haus bzw. ins Hotel (Tag und Nacht) können Sie unter der Nummer 4756741 anrufen.

Für normale Untersuchungen wenden Sie sich entweder an einen Privatarzt oder mit dem Krankenschein E 111 Ihrer Krankenkasse an die staatliche U.S.L.-Untersuchungsstellen, die in jedem Stadtbezirk zu finden sind, und wo die Untersuchung dann kostenlos erfolgt.

Die Apotheken haben ganz normal, wie die Geschäfte geöffnet:

Farmacia Internazionale Antonuccio, *Piazza Barberini (Tel: 462996)*
Farmacia Doricchi, *Via Settembre XX 47 (Tel: 4741471)*
Farmacia S. Agata, *Piazza Sonino 47 (Tel: 5803715)*

Außerdem können Sie jeder Tageszeitung die Nachtapotheken der jeweiligen Stadtbezirke entnehmen.

Fundsachen

Es gibt ein **Fundbüro** für die **Eisenbahn** im *Hauptbahnhof, Tel: 4630 6682* **Das Reise- und Fundbüro der ATAC**, der staatlichen Busgesellschaft, hat seinen Sitz in der *via Volturno 65, Tel. 4696* und das **staatliche Fundbüro** in *der Nicolo Bettoni 1, Tel: 5816040*

Allerdings ist die Wahrscheinlichkeit, etwas wiederzufinden, sehr gering, da Fundsachen oft geklaut oder einfach liegengelassen werden.

Öffnungszeiten

Italien kennt besonders in den Touristenorten und zur Sommerzeit keine streng einzuhaltenden Ladenschlußgesetze. Man kann auch Geschäfte finden, die bis spät in die Nacht geöffnet sind oder einfach mal zwischendurch schließen. So sollte es eigentlich sein: Die Geschäfte haben werk- und samstags von 9 bis 13 Uhr und von 16 bis 19.30 Uhr auf; im Sommer sind sie bis 20 Uhr geöffnet. Montagvormittag sind alle Geschäfte, bis auf die Lebensmittelläden, geschlossen; diese machen dann Donnerstagnachmittag dicht. Einige Geschäfte, besonders mit Handwerks- und Bürobedarf, schließen neuerdings auch am Samstagnachmittag und bleiben Montagvormittag geöffnet. Im Zentrum setzen sich allmählich die durchgehenden Öffnungszeiten durch. Ämter schließen alle spätestens um 12 Uhr. Im August, dem Ferienmonat der Italiener, bleiben viele Geschäfte ganz geschlossen. Die Bars sind sonntags auch geöffnet, legen dann meistens montags einen Ruhetag ein. Die Restaurants sind normalerweise von 18 bis 23 Uhr geöffnet. Die meisten Lokale schließen um 1 Uhr. In diesem Führer werden außergewöhnliche Öffnungszeiten, soweit bekannt, angegeben.

Trinkgeld

Geld bewegt die Welt oder: ein bißchen Trinkgeld wirkt oft Wunder! Die Bedienung wird gleich viel freundlicher und gesprächiger und gibt eventuell noch nützliche Tips für den weiteren Aufenthalt. Der scheinbar unnachgiebige Türsteher läßt Sie noch schnell einen Rundgang durchs Museum machen, obwohl es schon spät ist und der Kutschenfahrer dreht noch eine Extrarunde, schrecklich, gell? Man sollte aber auch nicht zu großzügig sein! Halten Sie sich etwa an die Obergrenze von 10% des zu zahlenden Betrages. In vielen Restaurants und Lokalen ist es eh schon üblich, 15% Service auf die Rechnung zu setzen.

Zeitungen und Zeitschriften

Italien bietet ein reiches Angebot an Zeitungen und Zeitschriften. Wer ein bißchen Italienisch kann, sollte von diesem Angebot Gebrauch machen. Die meisten Zeitungsstände im Zentrum verkaufen auch ausländische Tagesblätter – wenn auch mit einem Tag Verspätung – und Zeitschriften. Die großen italienischen Tageszeitungen sind *Il Messagero, Republica, Il Popolo und L'Unit*. Il Messagero und Il Popolo sind eher politisch rechts eingestellt, die anderen beiden links.

Dienstags erscheint im Messagero eine Beilage mit allen großen Kulturveranstaltungen im Lande. Am aufschlußreichsten ist allerdings *Trovaroma*, ein kleines Heft, das samstags gemeinsam mit der Republica ausgegeben wird. Es enthält gut aufgegliederte Informationen über Veranstaltungen, Neueröffnungen und besondere Begebenheiten in Rom für die kommende Woche. Darüberhinaus widmet die Zeitung La Republica täglich mehrere Seiten dem Kulturprogramm der Stadt mit Programmvorschlägen und Kritiken. Es gibt eine große Auswahl an Modemagazinen und Informationsheften aller Art. Die am häufigsten gelesenen Modezeitschriften sind *Per Lui, Per Lei, ANNA* und *Gioia*. Oft erscheinen kleine, kurzlebige Journale zu höchst interessanten Themen. Nehmen Sie sich doch einmal eine halbe Stunde Zeit und schauen in alle Zeitschriften hinein; die meisten Zeitungsverkäufer haben nichts dagegen.

Zweimal in der Woche erscheint *Porta Portese* (nach dem Flohmarkt von Rom benannt), ein Annoncenblatt von 150 Seiten für An- und Verkauf aller Art, Arbeitsangebote und -gesuche sowie Mietangebote und Werbung.

Eine empfehlenswerte Zeitung für alle, die länger bleiben wollen und sich auf Wohnungs- und Arbeitssuche befinden. Man kann auch selbst kostenlose Anzeigen aufgeben, entweder telefonisch unter der Rufnummer 770041 (meistens besetzt) oder persönlich direkt beim Verlag, Via di Porta Maggiore 95 und Via D. Gambero 37, 3. Stock. Für Arbeits- und Wohnungsangebote ist die Vorlage eines Personalausweises erforderlich.

Tip: Im Zusammenhang mit den Telefonbüchern gibt die Telefongesellschaft SIP einen umfangreichen Stadtführer *Tutta Citta* heraus. Er beinhaltet Informationen aller Art über Rom und den wohl genauesten Stadtplan mit Sraßenverzeichnis des gesamten Stadtbezirkes. Normalerweise wird er einmalig an die Haushalte und Büros ausgegeben. Sie können Ihn nicht erwerben, aber vielleicht von jemandem erhalten oder vom Hotelportier geliehen bekommen.

An folgenden Zeitungsständen können Sie schon ab 0.30 Uhr die Tageszeitung für den kommenden Tag kaufen:

Piazza Colonna, *Viale Manzoni (gegenüber vom Kino Royal)*
Corso Francia *(beim Standa)*
Viale Flaminia Nuova *(gegenüber des Geschäftes Vigna Stelluti)*
Via Veneto *(Ecke Via Ludovisi und Ecke Via Lombardia)*
Piazza Ungheria *(Ecke Viale Parioli)*
Piazza C la di Rienzo
Via del Tritone *(vor der Zeitung "Il Messagero")*
Piazza Cinecitta.

Heimisches in Rom

In Rom befinden sich zwei Vertretungen der BRD, nämlich für den italienischen Staat und den Vatikanstaat.

Die Deutsche Botschaft des Vatikanstaates liegt in der Via G. Mangili 9, (Tel: 879779) und die Deutsche Botschaft für Italien mit der Kulturabteilung in der Via Po 25c (Tel: 860341). Das Konsulat befindet sich ein paar Straßen weiter in der via Paisello 24 – Parioli (Tel. 864003). Die Vertretung des österreichischen Staates finden sie in der Via Pergolesi 3 – Salario (Tel.: 868241). Hier ist auch das Konsulat. Die Botschaft der Schweiz und das Konsulat haben ihren Sitz in der Via Barnaba Oriani 61 – Pavioli (Tel.: 803641). Beim Vatikan hat die Schweiz keine Vertretung. Die Botschaft Östereichs für den Vatikanstaat finden Sie in der Via Reno 9 – Salario (Tel.: 856262). Sollten Sie Schwierigkeiten haben, wenden Sie sich bitte umgehend an Ihr Konsulat, das Ihnen weiterhelfen wird, z.B. bei Verlust des Ausweises.

Daneben gibt es in Rom eine Menge deutscher Institutionen verschiedener Interessengruppen: kulturelle Institute, deutsch verwaltete Klöster und Kirchen, Niederlassungen privater Firmen. Da der Kontakt mit diesen Organisationen auch bei Kurzaufenthalten sehr interessant sein kann, möchte ich Ihnen die Adressen und die Zielsetzung der wichtigsten deutschen Vereinigungen nennen.

Deutsches Archäologisches Institut, *Via Sardegna 79*
- Ludovisi, Tel: 465617
Dieses wissenschaftliche Zentrum, daß sich mit Archäologie und Ausgrabungen in Italien befaßt, besitzt eine der größten Büchereien über dieses Thema. Die Bücherei ist für Besucher zugänglich, die meisten Werke finden Sie auch auf Deutsch.

Deutsche Akademie, *Largo di Villa Massimo 1-2*
- Salario, Tel: 420394
Die Villa Massimo steht jungen deutschen Künstlern zur Verfügung Erfolgversprechende Talente erhalten über Stipendien die Möglichkeit in der Villa zu wohnen, zu arbeiten und sich von den Werken der alten und zeitgenössischen römischen Künstler inspirieren zu lassen.

Deutsches Historisches Institut,
Via Aurelia Antica 391, Tel: 6236972
Auch dieses Zentrum, das Studien über die italienische Geschichte im Zusammenhang mit der deutschen betreibt, verfügt über eine große Bücherei mit Schwerpunkt auf ihrem Forschungsgebiet.

Biblioteca Hertziana, *Via Gregoriana 28*
- centro Storico, Tel: 6793368
Diese Bücherei ist eine Vertretung des Max-Planck-Institutes in Rom und beschäftigt sich mit der italienischen Kunst und ihrer Geschichte.

Goethe Museum, *Via del Corso 18, Tel: 6794094*
Seit langem ist das Museum geschlossen. In der kleinen Wohnung soll Goethe während seiner Italienreise gewohnt haben. Eine deutsche Gesellschaft hat das Haus erst neulich von dem italienischen Besitzer gekauft, setzt es instand und will das Museum in Kürze wieder eröffnen.

Goethe Institut, *Via del Corso 262, Tel: 6798124*
Dieses Kulturinstitut hat Niederlassungen in der ganzen Welt. In Rom ist es eine feste Institution geworden, die ein reichhaltiges Programm an Theater, Filmen, Vorträgen und Diskussionsveranstaltungen organisiert und so die deutsche Kultur und Sprache in Italien verbreitet. Die Veranstaltungen werden nicht nur von Deutschen besucht, sondern erfreuen sich eines großen Zulaufs italienischer Interessenten. Darüberhinaus unterhält das Goethe Institut eine deutsche Sprachenschule und eine Leihbücherei deutscher Literatur, in der man auch die Ferienlektüre

ausleihen kann. Über das Aushangsbrett oder den ausliegenden Listen kann man eine Wohnung, eine Mitfahrgelegenheit nach Deutschland oder Kontaktadressen zu anderen in Rom lebenden Deutschen finden. Das monatliche Veranstaltungsprogramm können Sie auch schon telefonisch von Deutschland aus anfordern oder vom Goethe Institut erhalten.

Herder Buchladen, *Piazza Montecitorio 117 - Centro Storico, 6794628*
Dieser Buchladen verkauft neben französischen und englischen Werken hauptsächlich deutschsprachige Bücher. Die Angestellten sind Deutsche. Auch hier finden Sie ein Aushangbrett mit Kleinanzeigen.

Deutsche Grundschule und Deutsches Gymnasium,
Via Aurelia Antica 397, Tel: 6225008
Beide deutschsprachigen Schulen befinden sich in einem Gebäude. Deutsche Lehrer unterrichten hier Kinder, die die Schule mit einem deutschen Abitur abschließen wollen. Sie können auch als Besucher die Veranstaltungen, wie das Nikolaus- oder Adventfest besuchen: ein bißchen Heimat mit römischem Flair.

Deutsches Reisebüro, *Piazza Esquilino 29, Tel: 4751531*
Wer Auskünfte über Zugverbindungen in Deutschland sucht oder Fahrkarten der Deutschen Bundesbahn, vor allem mit der Ermäßigung für kinderreiche Familien, kaufen möchte, muß hierher kommen. In italienischen Reisebüros wird man vergeblich danach fragen.

Deutsche Evangelische Kirche, *Via Sicilia – Ludovisi*
Der Pfarrer ist Deutscher. Es ist eine sehr aktive Gemeinde, mit Gesprächen und Frauengruppen für jedes Alter. Es kann auch für Touristen sehr interessant sein, hier zuzuhören, um die Probleme oder Ansichten der im Ausland lebenden Deutschen kennenzulernen. Jeden Sonntag ist um 10 Uhr Gottesdienst. Um die Adventzeit findet ein gemütliches Zusammensein bei Kaffee und Kuchen, sowie ein Weihnachtsbazar und Adventskranzverkauf statt.

Deutsche Katholische Kirche
In fast jeder großen Kirche in Rom gibt es einen deutschsprachigen Priester, die Gelegenheit in eigener Sprache zu beichten und an einer deutschsprachigen Messe teilzunehmen. Die von deutschen Schwestern verwaltete Kirche ist *St. Maria dell'Anima – Via del l'Anima.*

Übrigens wird in der Via Nomentana 421 ein wunderschön gelegenes Hotel mit Halbpension von deutschen Schwestern geleitet. Für nur 18.900 Lire wohnt man dort in sehr sauberen Zimmern, deutsche Küche wird abends angeboten. Die Schwestern helfen einem gerne und geben nützliche Ratschläge für den Aufenthalt. Einziger Nachteil ist, daß man um 22 Uhr wieder im Hotel sein muß.

Deutsche Parteien in Rom:

Friedrich Ebert-Stiftung,
Via del Babuino 99 VII − *Centro storico, Tel: 6787879*
Konrad Adenauer-Stiftung,
Via della Rotonda 36 − *Centro storico, Tel: 6565414*
Hans Seidel-Stiftung,
Via Mecenate 18 − *Esquilino, Tel: 7315509*

Deutsche Handelskammer, *Via Merulana* − *Esquilino*

Deutsches Arbeitsamt, *Via Merulana* − *Esquilino*

Der Spiegel, *Via del Tritone* − *Colanna*

S. Pelligrinello degli Swizzeri, − *Vatikanstaat*
Diese hübsche Kirche im Vatikanstaat wird von schweizerischen Geistlichen geführt. Sie laden Besucher herzlich ein, an ihren Messen teilzunehmen oder sie zu besuchen.

Instituto Svizzero di Roma, *Via Ludovisi 48* − *Ludovisi (465663)*
Ähnlich wie das Goetheinstitut für Deutschland fördert das Kulturinstitut der Schweiz die Verbreitung seiner Kultur in Italien. Es finden regelmäßig Vorträge, Seminare, Ausstellungen und Konferenzen statt. Das Programm bekommen Sie im Institut.

Österreichisches Kulturinstitut, *Viale B. Buozzi 113*
- Parioli, Tel. 3609702
Auch Österreich ist durch ein Kulturinstitut in Rom vertreten und bereichert durch ein vielfältiges und anspruchsvolles Programm die Kulturszene der Stadt. Das Programm ist am Institut erhältlich.

Festtage

Nicht alle Festtage liegen an den gleichen Daten wie in Deutschland: einige fallen weg, andere kommen hinzu, viele werden anders gefeiert.

6. Januar

La Befana. Dieser nationale Feiertag entspricht von seiner Grundidee her unserem Nikolausfest. Nur ist in diesem Fall der Nikolaus weiblich und wird von einer runzeligen und buckligen Hexe, der Befana verkörpert. Auf der Piazza Navonna findet alljährlich ein Markt statt, auf dem Spielzeug und *cenere*, Kohlestücke für die Unartigen, an die Kinder verkauft werden. Daß auch die Kohle mittlerweile süß schmeckt – sie ist ein schwarzfarbiges Zuckergebäck – stört niemanden mehr.

Karneval

Der Karneval wird nicht so ausgiebig wie zuhause gefeiert und ist vor allen Dingen viel nüchterner. Es ist ein Fest für die Kinder. Diese sieht man allerdings schon Wochen vorher in meist sehr teuren und aufwendigen Kostümen mit ihren Eltern durch die Straße wandeln. Ein beliebter Treffpunkt ist sonntagvormittags die Piazza Navonna, wo man dann eine bunte Kostümshow der Kinder bewundern kann. In allen Straßen im Zentrum liegt in den Karnevalstagen ein wunderschöner Teppich aus Graffiti, bunten Papierschnipseln, die die Kinder in Massen über die Passanten werfen. Manche Lokale bieten auch Kostümveranstaltungen für Erwachsene an; sie werden aber nicht sehr besucht.

14. Februar

Valentinstag: Bei uns das Fest der Blumen, in Italien das Fest der Verliebten. Im Namen der Liebe werden Geschenke ausgetauscht, meist etwas kitschige Kuschelbären oder Nippes.

8. März

Der Frauentag: Frauen schenken sich untereinander gelbe Mimosen, stecken sie ins Haar oder an die Kleidung, um sich dann in Kundgebungen, Gesprächsrunden und Festen für die Frauenrechte einzusetzen.

19. März

San Guiseppe: Das Fest dieses Heiligen wird besonders im Stadtviertel Trionfale in Rom gefeiert. Neben Gottesdiensten findet ein großes Stadtfest mit Verkaufsständen und Essensspezialitäten statt.

April

Frühlingsfest: Um den Frühling gebührend zu empfangen, schmücken die Römer die spanische Treppe mit den herrlichsten Blumen, vor allem mit riesigen Azaleen.

Ostern

Wie in allen katholischen Ländern ist das Osterfest auch in Italien ein sehr gefeiertes Fest, selbst wenn Karfreitag kein offizieller Feiertag ist. Die Italiener kennen keine bemalten Ostereier und auch der Brauch, daß der Osterhase seine Gaben im Garten versteckt, ist hier unbekannt. Als traditionelles Gebäck gibt es die "Colomba", einen taubenförmigen, trockenen Kuchen. Anläßlich des Osterfestes erteilt der Papst den Segen "Urbi et Orbi", für den sich tausende von Gläubigen auf dem Petersplatz versammeln.

25. April

In Italien ein Feiertag

Pfingsten

ist kein offizieller Feiertag und auch am 17. Juni wird in Italien natürlich wie jeden Tag gearbeitet.

23/24. Juni

San Giovanni: Im Stadtteil San Giovanni wird um die Kirche herum die Walpurgisnacht, die Hexennacht, gefeiert. Vom Karussel, über Verkaufsstände, bis hin zur Diskothek kann man hier alles finden.

15. August

Ferragosto: Die Wiederkehr von Maria Himmelfahrt, die Mitte des Jahres, das "Silvester" des kommerziellen und schulischen Jahres. In Italien ein Tag, um mit der Familie oder Freunden einen Ausflug ans Meer oder ins Grüne zu machen.

1. November

Allerheiligen und Totensonntag sind Feiertage, an denen besonders der Toten gedacht wird. Die Friedhöfe sind in diesen Tagen gefragter als jede Diskothek oder jedes Fußballstadion.

Buß- und Bettag

ist in Italien kein Feiertag.

Advent

Man feiert den Advent nicht so wie zuhause. Es gibt weder einen Adventskranz noch die gemütlichen Adventstreffen mit Weihnachtsgebäck und Kerzenlicht. Erst seit ein paar Jahren werden Adventskalender verkauft, und durchaus nicht jedes Kind weiß schon, was das ist. In den Geschäften werden Panetone verkauft, ein leckerer, trockener Kuchen, oft mit Schokolade überzogen. Nur die Stadt putzt sich wunderschön heraus in Erwartung des großen Festes: die gesamte Innenstadt wird mit breiten roten Teppichen auf den Gehwegen ausgelegt und jedes Geschäft stellt verschieden geschmückte Tannenbäume auf. Da kann einem schon feierlich zumute werden.

Nikolaus

wird nicht gefeiert

8. Dezember

Fest der unbefleckten Empfängnis. Die Marienstatue an der Piazza di Spagna wird geschmückt und der Papst macht ihr seine Aufwartung.

Weihnachten

Das eigentliche Fest ist am 25. Dezember. Am 24. Dezember ergeht sich die ganze Familie in Vorbereitungen für den kommenden Tag – das Wichtigste: ein köstliches Festmahl. Um Mitternacht geht man dann geschlossen in die Kirche. Erst am nächsten Tag werden die Geschenke verteilt und die ganze Familie vereint sich zum Festessen. In Italien ist es Tradition, herrliche, riesengroße Krippen in der Familie herzustellen. Es gibt auch Wettbewerbe, wer die schönste gebaut hat. Auch in vielen Kirchen kann man sie bewundern.

Silvester

Seit ein paar Jahren gibt es für Silvester einen neuen Brauch: Wer rote Unterwäsche, meistens reizvoll mit Spitzen dekoriert, geschenkt bekommt und diese in der Silvesternacht trägt, wird im kommenden Jahr vom Glück beschert sein. Wer nun daran glaubt oder nicht, die Textilbranche hat ihren Gewinn daran. Wie das Weihnachtsfest ein Familienfest ist, so ist es üblich, Silvester mit Freunden zu verbringen. Ein reichhaltiges Unterhaltungsprogramm steht für jeden Geschmack zur Verfügung.

Vier goldene Verhaltensregeln

1. Das Ansprechen

Daß große, blonde, nordische Frauen und Mädchen italienischen Männern besonders gefallen, ist kein Geheimnis. Vor allem zur Sommerzeit und in den Touristenorten haben sich die "Papagallos" (übersetzt die Papageien, da sie bei jedem weiblichen Wesen dieselben Sprüche loslassen) einen Sport daraus gemacht, ausländische Mädchen anzureden und Kontakt mit ihnen zu suchen. Das kann ganz schön lästig werden, besonders, wenn man keinen Schritt ohne diese anhänglichen Begleiter mehr tun kann; und gewiß nicht alle Ansprechmethoden sind von der originellsten Art und Weise.

Trotzdem, keine Angst!! "Hunde, die bellen, beißen nicht". In kaum einem Fall werden die Männer handgreiflich oder gar zudringlich. Es ist auch für sie nur ein Spaß und Zeitvertreib. Wenn man mit den richtigen Gegensignalen antwortet, kann nichts passieren. Nur bei diesen Gegensignalen liegt oft das Problem; Gesten und Verhaltensweisen werden von Land zu Land verschieden gedeutet und jedes hat seine eigenen "Spielregeln". Ich kann zwar kein Patentrezept verraten. Aber sicherlich einige Hilfestellungen geben, um den Kontakt mit der römischen Männerwelt zu erleichtern. Ein gerader, offener Blick – und sei er noch so uninteressiert – ist ein Signal für den Mann, daß er gefällt und Chancen hat. Wer daher gar nicht erst angesprochen werden möchte, sollte festen Schrittes und ohne Seitenblicke seines Weges gehen. Die Italienerinnen haben dabei den Blick "unter den Wimpern heraus" und studieren so das in Frage kommende "Objekt".

Sollte Ihnen der Jüngling aber gefallen oder macht es Ihnen Spaß, sich mit ihm zu unterhalten, sollten Sie folgendes beachten: für Italienerinnen wäre dieser Schritt schon ein großes Zugeständnis und von dort ist es auch für sie nicht mehr weit bis zur körperlichen Annäherung, sprich in den Arm nehmen, oder aber einen harmlosen Kuß auszutauschen. Es ist deswegen dem Mann nicht übelzunehmen, wenn er es auch bei Ihnen versucht. Besonders wenn er Sie zu einem Kaffee oder Eis eingeladen hat, ist das die "natürliche Gegenleistung"; er muß dann zeigen können, daß Sie irgendwie zu ihm gehören. Dabei ist auch nichts Schlimmes; man sollte nur vorher wissen, worauf man sich einläßt. Da nützt auch der Satz "Wir sind aber nur Freunde" nicht viel. Ein gewisser

Körperkontakt gehört in Italien eben zur Freundschaft zwischen den Geschlechtern. Auf das Maß kann man sich bestimmt einigen.

2. Vorsicht Diebe!

Halten Sie stets Ihren Geldbeutel und die Brieftasche unter Kontrolle! Am sichersten ist der Brustbeutel oder die mit Reißverschluß geschlossene Handtasche. Nehmen Sie immer nur soviel Geld mit, wie Sie unbedingt brauchen, der Rest ist besser im Hotelsafe aufgehoben. Besonders in den Bussen und auf den Märkten wird das Gedränge geschickt ausgenutzt und viel geklaut.

3. Straßenhändler, Zigeuner und Bettler

Viele Marrokaner und andere afrikanische Händler preisen überall in ganz Rom ihre Waren an. Oft haben Sie keine Aufenthaltsgenehmigung, und sobald die Polizei um die Ecke biegt, wird man sie mit ihren Waren schnellstens verschwinden sehen. Beim Kauf an solchen Ständen sollte man aufpassen, da die Ware gestohlen sein könnte und bei Musikkassetten handelt es sich nicht selten um Raubaufnahmen; zudem läßt die Qualität oft zu wünschen übrig und man kann die Sachen im Geschäft nebenan billiger finden. Bei einem abendlichen Spaziergang durch Rom werden besonders Paaren unzählige Male von niedlichen, aber ungepflegten Zigeunermädchen Rosen zum Kauf angeboten. Oder armselig gekleidete Familien nähern sich bettelnd den Touristen. Tagsüber sieht man an vielen Ecken und Hausnischen Bettler in den oft erbarmungswürdigsten Zuständen stehen oder liegen. Diese Menschen sind für die Stadt ein großes Problem, besonders seitdem aufgedeckt wurde, dahinter meist eine italienische Organisation steckt, die mit Drohungen und Erpressung, besonders die Zigeuner in der Hand hält und für sich arbeiten läßt; d.h. das meiste erbettelte Geld fließt in die Tasche derer, die es gewiß nicht nötig haben. Es lohnt sich kaum, diesen armen Menschen etwas zu geben. Hilfe muß von anderer Seite kommen.

4. Der verschwundene Wagen

Vor allen Dingen im Zentrum kann es passieren, daß Sie Ihr Auto nicht mehr an der geparkten Stelle wiederfinden. Bevor Sie die Polizei wegen Autodiebstahls benachrichtigen, schauen Sie sich erst mal um. Es kann sein, daß Ihr Auto verstellt worden ist, da es jemanden beim Ein- oder Ausparken behinderte. Wenn nicht, kann es immer noch sein, daß Ihr Wagen von der Polizei abgeschleppt worden ist, da er im Parkverbot stand oder den Verkehr behinderte. Fragen Sie am besten beim nächsten Straßenpolizisten, dem "vigile urbane", nach oder rufen Sie die Nummer 6769 an, wo Sie mehr erfahren. Erst wenn es nicht abgeschleppt wurde, verständigen Sie bitte das nächste Polizeirevier. Machen Sie es aber nicht wie Bekannte in Paris, die ihren Wagen auf der Durchfahrt an einer Metrostation abgestellt hatten, um kurz irgendwelche Sehenswürdigkeiten zu besichtigen und dann ihren Wagen nicht mehr wiederfanden, weil sie sich die Station nicht gemerkt hatten. Der Urlaub war hin und der Wagen wurde – unversehrt – erst nach 14 Tagen aufgefunden.

Fortbewegung in der Stadt

Rom erobert man zu Fuß! Denn nur so entdeckt man die liebenswerten kleinen Reichtümer der Stadt und erfährt mehr von ihrer Atmosphäre. Schade ist nur, daß die Römer anscheinend gar nicht dieser Meinung sind; es ist vielmehr üblich, von der Haustür bis vor das gewünschte Ziel mit dem Auto oder zumindest mit dem Bus zu fahren. So ist die Verkehrsbelastung ein großes Problem für die Stadtverwaltung und auch ein wichtiger Grund für das endgültige Fahrverbot im Stadtzentrum. Vor allen Dingen die Bars, Geschäfte und Restaurants dieser Zone zeigen starken Widerstand gegen diese Maßnahme. Sie befürchten einen starken Geschäftsrückgang. So muß man wohl noch eine Weile den ständigen und oft lästigen Autoverkehr mitsamt den Abgasen in fast allen Straßen und Gassen Roms hinnehmen. Da schrecken auch nicht die großen Parkplatzprobleme; in dritter Reihe zu parken ist durchaus normal. Obwohl die römische Stadtverwaltung ein großzügig angelegtes Verkehrsnetz geschaffen hat, ist es auch nicht immer ein reines Vergnügen, den Bus oder die Bahn zu benutzen. Besonders zu den Stoßzeiten ähneln sie mehr Sardinenbüchsen oder Viehtransportern. Der Bus springt schon fast aus allen Nähten, und trotzdem schaffen es immer noch welche, sich hineinzuzwängen. Man sollte in solchen Situationen gut auf die Handtasche aufpassen und auch mal mit einem Ellenbogenstoß auf zu handgreifliche Annäherungen reagieren. Wie gesagt, zu Fuß ist es meist schöner und fast immer weniger anstrengend. Aber manchmal geht es auch nicht ohne fahrbaren Untersatz. Ich will Ihnen deswegen einen kurzen Überblick über die verschiedenen Fortbewegungsmöglichkeiten innerhalb der Stadt, aber auch für Ausflüge und Weiterfahrt geben.

Autovermietung

Ein Mietwagen nur um damit in der Stadt herumzufahren, ist nicht zu empfehlen, wenn man den Straßenverkehr und die römische Fahrweise nicht gewöhnt ist. Das Autofahren wird in der italienischen Hauptstadt für den Touristen fast immer zur nervlichen Belastung. Es lohnt sich eher, einen Wagen für einen Ausflug in die reizvolle Umgebung der

Stadt zu mieten. In solchen Fällen kann ein Auto wirklich eine Zeitersparnis bedeuten und mehr Bewegungs- und Entscheidungsfreiheit bieten. Denken Sie aber immer daran: in Italien fährt man weniger nach den Verkehrsregeln als nach Gefühl und Reaktionsvermögen. Halten Sie also stets die Augen offen, hupen Sie feste und blenden Sie bei jeder Gelegenheit auf – Sie werden sehen – es macht richtig Spaß.

Um einen Wagen leihen zu können, muß man mindestens 23 Jahre alt sein und natürlich im Besitz eines gültigen Führerscheins sein. Die Preise sind recht hoch und einige Autoverleiher verlangen eine Kaution. Ein weiterer Tip: denken Sie bei der Wahl Ihres Autos daran, daß das Dieselbenzin erheblich billiger ist. Hier einige Adressen von Autovermietern:

Automobile Club Roma,
Via C. Colombo 261 (Tel: 5106)
Via Magliana 275 (Tel: 5261945)
Hertz
Via Sallustiana (Tel: 51712)
Maggiore
Via Po 8 (Tel: 858698)
Piazza della Republica
Avis Piazza Esquilino 1 (Tel: 4701)
Via Sardegna 38a (Tel: 4750728)
Europcar
Via C. Pavese 385 (Tel: 549041)
Via Lombardia 7 (Tel: 4750381)

Wohnwagenverleih

Caravan Travel, *Via Fabriano 3 – Torvaianice (Tel: 9156011)*
Centro Caravan Costentini, *Via Pontia 399 (Tel: 5207908)*

Motorroller und Fahrradverleih

Unterhaltsamer und sicherlich verkehrsunabhängiger kann das Fahren mit dem Motorroller oder dem Moped sein. Es ist nur nicht jedermanns Sache. Mopeds unter 125 ccm dürfen auch während der Sperrzeit in der Innenstadt fahren. Helmpflicht besteht bei Fahrzeugen ohne Kennzeichen für Fahrer unter 18 Jahren, bei Fahrzeugen mit Kennzeichen für alle.

Hier können Sie Mopeds, Roller oder Mofas günstig mieten:

Motornoleggio, *Via della purificazione 6 – centro (Tel: 465485)*
Hier sind die Tarife am günstigsten. Einige Beispiele aus dem Angebot: Mofa 30.000 pro Tag, 160.000 für die Woche; Vespa 35.000 pro Tag, 180.000 pro Woche; 350er Honda 50.000 Lire pro Tag, 300.000 pro Woche.

Scoot-a-Long, *Via Cavour 302 (Tel: 6780206)*
Hier liegen die Preise höher als bei der oben genannten Adresse, im Vergleich zu anderen Verleihäusern aber immer noch an der unteren Grenze.

Fahrradvermietung

Im allgemeinen ist das Fahrradfahren in Rom wirklich kein Vergnügen. Erstmal ist die Stadt eine reine Berg- und Talbahn, d.h. man muß ständig entweder Steigungen oder Abfahrten auf sich nehmen. Zweitens ist die Luft oft so verpestet, daß man die wenigen Radfahrer häufig wegen der vielen Abgasen mit Mundschutz sieht. Die Partei der Grünen, die erst seit kurzem existiert, setzt sich jetzt verstärkt für Radfahrwege und die Förderung dieses Fortbewegungsmittels ein. So gibt es seit letztem Jahr vermehrt die Möglichkeit, sich leicht ein Fahrrad zu mieten und damit wenigstens das doch recht ebene und verkehrsruhige Stadtzentrum zu befahren. Jedes der Fahrräder trägt immerhin ein wenig zur Erhaltung der antiken Gebäude bei, denn diesen ist durch den ständigen Smog großer Schaden zugefügt worden. Sollte sich das Fahrradfahren bei den Römern durchsetzen, so kommen wir eventuell doch noch eher zu einer wünschenswerten Schließung des Zentrums für den Autoverkehr.

Scooters for Rent,
Via della Purificazione 66 (Tel: 465485)

Collatti *Via del Pelligrinello 83 (Tel: 6541084)*

Die Preise für ein Fahrrad betragen 3.000 Lire die Std., 15.000 Lire
der Tag und 80.000 Lire die Woche.

Und zur Sommerzeit auf der Piazza del Popolo, der Piazza di Spagna
und der Piazza San Giovanni in Latesano (**Cooperativa Bici-Roma**).

Öffentliche Verkehrsmittel

Bus

Die Busgesellschaft heißt ATAC. Da die Stadt kein unterirdisches
Verkehrsnetz aufbauen konnte, hat sie ein großzügiges und gut koordi-
niertes Bus- und Bahnsystem geschaffen. Einen Übersichtsplan über alle
Linien entnehmen Sie "Tutto città". Sie können ihn auch bei der ATAC
am Informationsstand auf der Piazza dei Cinquecento (Hauptbahnhof)
für 1.000 Lire erwerben. Die Fahrkarte, *biglietto*, kostet 700 Lire und ist
für eine beliebig lange Fahrt mit einem Bus gültig. Bei jedem Umsteigen
ist folglich das Entwerten eines neuen Fahrscheins nötig.

Es gibt aber auch besondere Vergünstigungen:

Stundenkarte: Halbtageskarten entweder von 6 – 14 Uhr oder von 14 –
0.00 Uhr ununterbrochen gültig: 1.000 Lire

Tageskarte: gültig für 24 Stunden vom ersten Entwerten an, auf allen
Bus- und Bahnlinien: 2.800 Lire

Wochenkarten: Vom Ausgabetag an 8 Tage für das gesamte Verkehrsnetz gültig: 10.000 Lire. Nur am Informationsstand am Hauptbahnhof
und bei der ATAC, Largo Giovanni Montemartini erhältlich

Monatskarten: 22.000 Lire für das gesamte Bus- und Bahnliniennetz
gültig, ausgenommen der U-Bahnen. Für Studenten mit internationalem
Studentenausweis kostet sie nur 12.000 Lire. Monatskarten für nur eine
Linie kosten für alle 15.000 Lire.

Fahrscheine erhält man in allen Tabakgeschäften und Bars, die mit
dem weißen ATAC – Schild gekennzeichnet sind sowie an den ATAC –
Verkaufsstellen an den großen Bushaltestellen. Die Fahrscheine werden

in den roten Stempelautomaten im Bus entwertet. Es gibt keinen Fahr-
scheinverkauf im Wagen! Selten steigen Kontrolleure ein. Sie tragen
immer eine ATAC – Uniform. Wird jemand ohne gültigen Fahrschein
erwischt, ist er mit 10.000 Lire dabei.

Die Busse verkehren normal zwischen 5 Uhr 30 und 24 Uhr im
Abstand von 5 – 10 Minuten, nach 22 Uhr im Abstand von 20 Minuten.
Fahrpläne existieren nicht, da sie im römischen Verkehrschaos sinnlos
wären. Einige Busse beenden ihre Fahrt auch schon um 21 Uhr; was
aber an jeder Haltestelle dieser Linien durch ein kreisrundes, rotes Hinweisschild vermerkt wird.

Die Bus- und Bahnhaltestellen erkennt man an den grünweißen Hinweisschildern, die auch den Linienverlauf der dort haltenden Busse
angeben. Vorsicht: alles was unterhalb des Vermerks "servizio notturno"
steht, verkehrt nicht tagsüber, sondern gibt ausschließlich den Nacht-
verkehr an, denn auch nach 24 Uhr können Sie Bus fahren. Auch hier
hat sich die Stadtverwaltung große Mühe gegeben und so etwas wie ein
zweites reduziertes Verkehrsnetz geschaffen. Nachts wird der Busver-
kehr auch durch genaue Abfahrtszeiten geregelt, die Sie den Hinweisschildern an den Haltestellen entnehmen. Die Nummern der Busse bleiben die gleichen – sie befahren aber zum Teil ganz andere Strecken,
weshalb Sie die Hinweisschilder genau studieren sollten. Von 00.00 Uhr
bis 5.00 Uhr gilt dann der Nachtverkehrbusplan mit Fahrten etwa im
Halbstundentakt.

Straßenbahnen

Noch einige wenige Straßenbahnen bestehen fort. Die wohl bedeutendste Linie ist die 30. Es lohnt sich auch für den Touristen, einmal mit
ihr zu fahren. Sie beschreibt einen schönen Bogen rund um die Stadt.
Die Fahrt beginnt am Petersdom, auf der Piazza del Risorgimento und
verläuft über die Villa Borghese, die Universität, San Lorenzo, Porta
Maggiore, San Giovanni, Coloßeum, Circo Massimo, Pyramide, Porta
Portese, bis hin zur Kirche San Giovanni in Dio auf dem Monteverde. Es
ist eine eindrucksvolle Fahrt, während der Sie nicht nur etwas vom
Charakter und der Atmosphäre der Stadtbezirke mitbekommen, sondern
auch soziologische Studien durch den Wechsel des Publikums in der
Bahn betreiben können: die feinen Leute aus Pavioli, die Studenten, das

Arbeitervolk aus San Lorenzo usw. Nur ein bißchen Zeit muß man haben, die Fahrt dauert ca. 2 Std., kommt aber von den Eindrücken bestimmt einer organisierten Stadtrundfahrt gleich und ist preiswerter.

Für die Bahn gelten dieselben Regelungen wie für die Busse, da sie von derselben Gesellschaft verwaltet werden, der ATAC.

Neben der Linie 30 verbleiben noch einige andere, kürzere Straßenbahnstrecken, die sich auf das Stadtviertel Esquilino – um die Piazza Vittorio Emanuele – beschränken. Die Straßenbahn ist sicherlich das langsamste Beförderungsmittel, aber bestimmt auch das romantischste. Die Wagen haben noch Holzbänke und viele auch noch den Fahrkartenverkäufer im Wagen. Sie sind aber verkehrsabhängig und zudem noch unflexibler als die Busse, die jede freie Lücke in den Autoschlangen auszunutzen wissen. Dennoch hängen die Römer sehr an ihrer Straßenbahn; sie gehört schon fast zum historischen Inventar.

U-Bahn

Da man bei dem Bau der U-Bahn immer wieder auf antike Mauern und antike Relikte stößt, weist Rom kein sehr gut ausgebautes U-Bahnnetz auf. Es wurde auch erst sehr spät entwickelt. Erst 1979 wurde die neuere, längere Linie A eröffnet. Die ältere Linie B hat noch keinen Anschluß in die nördlichen Bezirke der Stadt; er soll aber bis Sommer '88 fertiggestellt werden. Bis jetzt fährt sie von der Stazione Termini, wo man auch in die andere Linie umsteigen kann, über 11 Stationen bis zum Regierungsviertel EUR. Wenige Fahrten dieser Linie zweigen hinter der Haltestelle S. Paolo in Richtung Ostia ab. Dies wird aber am Bahnsteig angezeigt. Die Linie A verkehrt von Ottaviano (S. Pietro) bis Via Anagnina, im Südosten der Stadt. Daneben besteht auch noch die Bahnlinie Rom – Ostia, aber darauf soll im nächsten Kapitel näher eingegangen werden.

Die U-Bahn ist das schnellste Beförderungsmittel der Stadt, da Sie im Vergleich zu Bus und Bahn verkehrsunabhängig ist; man sieht aber auch nicht so viel von der Stadt. Die U-Bahn wird von einer anderen Gesellschaft als der ATAC verwaltet. Die Fahrkarte kostet auch hier 700 Lire, aber die Fahrscheine sind nicht die gleichen. Auch die anderen Vergünstigungen der ATAC – außer der Tageskarte BIG – erstrecken sich nicht auf das U-Bahnnetz.

Die Fahrscheine für die U-Bahn, im Vergleich zu den weißen Bus-karten mit einem orange-roten Streifen versehen, erhalten Sie ebenfalls in allen Tabakgeschäften oder Bars, die mit dem ATAC- Hinweisschild gekennzeichnet sind sowie in vielen U- Bahnhaltestellen. In jeder U-Bahnstation befinden sich Automaten, an denen Sie die Fahrkarten lösen können. Sollte Ihnen das nötige Münzgeld fehlen, benutzen Sie einen der zahlreichen Wechselautomaten. Der Fahrschein wird beim Betreten des U-Bahngeländes entwertet und ist gültig solange Sie sich innerhalb des U-Bahnsystems bewegen – also auch beim Umsteigen. Die U-Bahn ver-kehrt werk- und feiertags zwischen 5 Uhr 20 und 23 Uhr 30 in Abständen von 5 – 10 Minuten.

Taxi und Kutschen

Taxi

Das Taxi kann man sich bestimmt mal leisten, es ist nicht übermäßig teuer, z.B. zahlt man für eine Fahrt vom Hauptbahnhof zur Spanischen Treppe 5-6000 Lire. Der Nachtaufschlag beträgt 2.500 Lire.

Die Taxis in Rom sind gelb und werden von verschiedenen privaten Gesellschaften betrieben. Überall in der Stadt gibt es Taxistände, und über folgende Nummern rufen Sie telefonisch ein Taxi:

Coop. Auto publici di Roma *7594568*
Coop. Auto Tassistica *865264*
Coop. "La Vittoria" *7594842*
Coop. "Era Nuova" *7591535*

Coop. Sanio *7550856*
Coop. Roma *6541846*
Radio Taxi Cosmos *869398/8433*
La Capitale Radio Taxi *4994*

Merke: Vom Flughafen Leonardo da Vinci wird ein Zuschlag von 5.500 Lire und von Rom zum Flughafen ein Zuschlag in Höhe von 12.500 Lire verlangt.

Kutschen

Pferdekutschen gibt es leider nur noch wenige, auch wenn sie besser als die Autos, in das romantische Gassengewirr Roms passen. An den großen Sehenswürdigkeiten bieten noch einige ihre Dienste an. Leider sind sie sehr teuer. Jede Kutsche transportiert max. 5 Personen und kostet für eine Stunde 50.000 Lire. Man kann aber sicherlich mit dem Kutscher ein bißchen über den Preis handeln.

Schiffsfahrt auf dem Tiber

Wer einmal mehr Zeit hat, kann auch mit dem Schiff von Rom bis Ostia Antica auf dem Tiber fahren. Zwei Motorboote fahren während der schönen Jahreszeit in regelmäßigen Abständen hin und her. In dem Fahrpreis sind Besichtigungen der am Ufer gelegenen Sehenswürdigkeiten eingeschlossen. Fahrkarten und nähere Informationen erhalten Sie bei: **Tourvisa**, *Via Marghera 32, Tel. 4950772*

Ausflüge und Weiterfahrt

Mit dem Zug

In Rom gibt existieren neben dem Hauptbahnhof noch neun weitere Bahnhöfe. Ähnlich wie die Stadtautobahn bilden die Schienen einen großen Kreis rund um die Stadt. Die Fahrt mit dem Zug zum Arbeitsplatz, gewissermaßen mit der Stadteisenbahn, wird von der Stadt im Moment sehr gefördert. Die Züge sollen, nachdem diese Strecken lange Jahre fast brach lagen, wieder häufiger fahren und eine ernste Alternative zum Auto bieten. Von diesen kleinen Bahnhöfen fahren zudem Nahverkehrszüge in alle Richtungen ab, die Sie vielleicht auch als Ausflugsziel interessieren könnten. Der größte Bahnhof unter ihnen ist gewiß die Stazione Tiburtina. Hier halten auch Züge, die bis in den Norden bzw. nach Sizilien fahren.

Stazione Trastevere: *(Tel: 585155)*
Eisenbahnlinie Rom – Pisa/Genua

Stazione Ostiense: *(Tel: 5758748)*
Jede 1/2 Std.: nach Ostia Antica, Viterbo, Formia, Napoli, Notturno.

Stazione Roma Nord:
Eisenbahnlinie Roma – Viterbo

Stazione Prenestina: *(Tel: 272072)*
Avvezzano – Pescara

Stazione Tuscolana: *(Tel: 7575518)*
Linie Crosetto – Viterbo

Stazione S. Pietro:
Linie Viterbo und Nahverkehr bis La Storta

Mit dem Bus:

Damit auch die Bewohner der kleinen Dörfer ohne Schienenanschluß leicht die Hauptstadt erreichen, existiert neben der Eisenbahn ein ausgedehntes Busnetz, das sich von Rom über ganz Italien erstreckt. Das staatliche Busunternehmen heißt A.COL.TRA.L. und bietet vielfache Möglichkeiten das ganze Land zu bereisen. Drei Bahnhöfe werden von der Busgesellschaft verwaltet:

Stazione Piazzale Flaminio *(Tel: 3610441)*
Bahnlinien nach Civitacastellana und Viterbo

Stazione Roma Laziali *(Tel: 483798)*
Bahnlinien nach Fiuggi, Gemmazzano, S. Cesaro

Stazione Porta S. Paolo
Nach Ostia Lido

Die Busse sind blau und überall in der Stadt wird man auch die blauweißen Haltestellen dieser Busse finden. Leider hängen nur an den Endstationen die Fahrpläne und Reiseziele aus. Wer also mit dem Bus z.B. einen Tag ans Meer, nach Tivoli, Acquila oder wohin auch immer fahren möchte, sollte sich zwecks näherer Auskünfte an eine der zehn Endstationen oder direkt an die Busgesellschaft A.COL.TRA.L., Via Ostiense 131A, Tel: 57531) wenden.

Abfahrtsorte und Weiterfahrt

Via Castro Pretorio; Via Lepanto; Stazione Metropolitana EUR-FERMI; Piazza dei Cinquecento; Piazza Flaminia; Via Gaeta; Via Giolitti; Piazza M. Fanti; Piazza di Cinecitta; Via Vincenzo.

Darüberhinaus fahren private Busgesellschaften wie *Marozzi* und *Sais*, von der Piazza della Republica ab. Die Informations- und Verkaufsstellen befinden sich im Reisebüro *C.I.T., Piazza della Republica 68 (Ecke Via Nazionale)* und in der *Bar, Piazza della Republica 62, 465924.*

Reisebüros

Nördlich der piazza Barberini häufen sich die Reisebüros – praktisch in jedem Gebäude befindet sich eins mit der Vertretung einer Fluggesellschaft oder einer Zugkartenverkaufsstelle.

Fahrkarten für die Fähren und Schiffe in Italien erhält man bei *Tirrenia, Via Leonardo Bissolati.* Man sollte, wenn nicht schon von zuhause aus, so doch so früh wie möglich, Plätze reservieren, da besonders zur Sommerzeit die meisten Fähren Wochen vorher ausgebucht sind. Außer den privaten Fährlinien gibt es auch noch die staatliche mit noch günstigeren Preisen. Der Fahrkartenverkauf erfolgt in der Stazione Trastevere. Die interessantesten Fluggesellschaften haben ihre Niederlassung an folgenden Adressen:

Allitalia, *Via Salandra 36 (Tel: 460032)*

Lufthansa, *Via Bissolati 6 (Tel: 46601)*

Austrian Airlines, *Via Barberini 68 (Tel: 461206)*

Luftfahrt Swissair, *Via Bissolati 4 – Ludovisi (Tel: 8470511)*

Reisebüros, die auch verbilligte Bahnfahrkarten für junge Leute unter 26 Jahren und Billigreisen verkaufen, finden Sie am Hauptbahnhof und hier:

Deutsches Reisebüro, *Piazza Esquilino 29*

Transalpino, *Via del Esquilino 8a, Tel. 47 51 075*

Wasteels, *via Milazzo 8/c, Tel. 49 56 679*

C.I.T., *Piazza della Republica 68*

American Express, *Piazza di Spagna*

Centro Turistico Giovanile, *Via Piave 49 (Tel: 6564553)*

CTS, *Centro Touristico Studentesco e Giovanile,*
Via Genova 16 (Tel: 479931).

Ein Reisebüro, bei dem man für einen Mitgliedsbeitrag von 3.000 Lire hier und in 32 weiteren Zentralen in Europa besonders preiswerte Reisen buchen kann sowie auch Ermäßigungen für Museen und Theater erhält.

Wohnen in Rom

Auch wenn die heißen Sommernächte, der sternenklare Himmel und die romantische Atmosphäre der Stadt dazu anregen, sollte man davon absehen, im Freien oder am Bahnhof zu übernachten. Die Behörden halten sich zwar sehr großzügig gegenüber den Touristen, die in irgendeinem Park oder in der Bahnhofsvorhalle ihr Nachtlager aufgeschlagen haben, aber sie sehen es nicht gerne. Es stört den ästhetischen Sinn der Italiener und es gibt wirklich sehr preiswerte Unterbringungsmöglichkeiten, so daß man ihnen diesen Gefallen tun sollte.

In Rom gibt es nur eine offizielle Jugendherberge. Andere Massenunterküfte für geschlossene Gruppen oder einzelne Jugendliche findet man häufig in religiösen Instituten. Sie sind meist sehr sauber gehalten und kosten wenig. Der einzige Nachteil ist, daß die meisten dieser Wohnheime um 22.00 Uhr ihre Tore schließen und niemanden mehr hereinlassen.

Wer also auch die römischen Nächte genießen möchte, sollte das breite Angebot an preiswerten Hotels nutzen. Man braucht auch keine Angst zu haben, wenn viele Hotels in dem oberen Stockwerk eines düsteren und heruntergekommenen Hauses liegen. Die Zimmer sind durchweg sauber und besonders bei den hier angegebenen Adressen handelt es sich keineswegs um sogenannte billige Absteigen zweifelhaften Rufes. Diese Gefahr läuft man überhaupt selten in Rom.

Dennoch, wer nicht gerade ins "Exelsior" zieht – eine Nacht kostet dort 130.000 Lire – wird kleinere Unannehmlichkeiten auf sich nehmen müssen: im allgemeinen sind die Betten in Italien zu weich für unsere Schlafgewohnheiten. Auch ist es unüblich, sich mit Federbetten zuzudecken; ein Laken und je nach Jahreszeit eine oder zwei Wolldecken reichen völlig aus. Die preiswerten Hotels bieten auch meist keinen Frühstücksservice an. Sollte dieser aber vorhanden sein, ist es nicht unbedingt ratsam, ihn in Anspruch zu nehmen. Wer morgens gerne ausgiebig frühstückt, wird kaum satt werden, denn in Italien besteht ein "reichhaltiges" Frühstück aus einem Capuccino und ein paar süßen Keksen oder einem Cornetto. Man sollte deshalb besser in das nächste Cafe gehen und dort alles bestellen, was man zu einem guten Früstück braucht. Nur bei ausgefalleneren Wünschen wie Müsli, Haferflocken oder anderen Arten von "gesunder Kost" wird man Schwierigkeiten haben. Das beste wird sein, man bringt sich ein Paket von zuhause mit. Das sind aber die einzigen Umstellungen, die man in Kauf nehmen muß.

Sammelunterkünfte

Die einzige Jugendherberge von Rom liegt am Foro Italico, der von Mussolini erbauten Begegnungsstätte. Sie ist leider nicht sehr gut gehalten, weder äußerlich noch in den Zimmern. Sie bietet 350 Schlafmöglichkeiten und es kann dort jeder schlafen, der einen gültigen italienischen oder internationalen Jugendherbergsausweis (I.T.H.F.) vorweist. Diesen kann man auch in der Jugendherberge selbst gegen eine Gebühr von 15.000 Lire ausstellen lassen. Die Nacht kostet 11.000 Lire.

Ostello del Foro Italico, *Via delle Olimpiadi 61, Tel.: 3694709*

Etwas außerhalb von Rom gibt es am Meer oder aber auch in den Bergen noch zwei weitere Jugendherbergen. Wer sich also nicht ständig dem Großstadtbetrieb aussetzen möchte, sollte in eine dieser auch sehr viel schöneren Jugendherbergen ausweichen:

Ostello Marina degli Ulivi, *Contrade Fiorelle, Sperlonga (Latina)*
Man braucht etwa 1 1/2 Stunden zu diesem zauberhaften Ort, der auf einer Halbinsel am Meer zwischen Rom und Napoli liegt. Alle zwei Stunden fahren Züge nach Rom. Aber auch die übrige Umgebung ist unsagbar reizvoll und Sperlonga selbst eine Reise wert. Es erinnert sehr an ein griechisches Dorf mit seinen weißen Häusern, engen Gassen und seinem klaren Wasser.

Ostello della Neve, *Anello Panoramico,*
Campoforogna (bei Rieti), Tel: 61169
Genau das Gegenteil zu der Jugendherberge in Sperlonga, aber nicht weniger reizvoll. Sie liegt nördlich von Rom in der märchenhaften "campagna romana" am Fuße der Berge.

Darüberhinaus bieten noch einige private oder kirchliche Organisationen Unterbringungsmöglichkeiten an:

Esercito della Salvezza, *Centro della Giovane,*
Via degli Apuli 39 (Tel: 490558).
Hinter dem Bahnhof liegt die Unterkunft, die ausschließlich für Mädchen bestimmt ist. Die Nacht kostet 8.000 Lire; man muß aber bis

22.00 Uhr im Hause sein. Saubere und freundliche Atmosphäre zeichnen die Räume aus.

YWCA Haus für Studentinnen), *Via Balbo 4 (Tel: 460460).*
Ein sehr gut gehaltenes Haus für Mädchen. Die Zimmer haben ein bis drei Betten und die Übernachtung kostet 16.000 Lire. Für 2.000 Lire kann man frühstücken und für 15.000 Lire zu Mittag essen. Hier bleiben auch viele italienische Mädchen länger für die Zeit ihres Studiums in Rom und daher kann man sehr interessante Bekanntschaften machen.

Protezione della Giovane, *Via Urbana 158 (Tel: 460056)*
Auch wieder nur für Mädchen unter 25 Jahren. Man kann auch maximal einen Monat bleiben. Je nach Zimmerwahl kostet die Nacht 10.000 bis 13.000 Lire. Früstück gibt's nicht, aber für 700 Lire ein gutes Mittagessen.

Centro di Accoglienza Giovani Universitari e Lavaratori,
S. Croce in Jerusalemne 12 (Tel: 777337-9)
Zur Abwechslung ist diese Unterkunft nur für Männer. Hier wohnen viele Studenten aus anderen Städten Italiens. Deshalb ist es während der Sommermonate leichter, ein freies Bett zu finden. Die Nacht kostet 15.000 Lire und es gibt keine Essensmöglichkeiten. Da man sich im Kloster befindet, ist entsprechendes Benehmen angebracht.

Domus Mariae, *Via Aurelia 481, Tel: 620576*
Etwas außerhalb, aber mit guten Verbindungen in die Stadt liegt dieses Ferienhaus für Gruppen. Die Mindestzahl beträgt 20 Personen und man kann entweder Halb- oder Vollpension buchen. Halbpension kostet pro Person 35.000 Lire und die Vollpension 43.000 Lire. Die Schwestern sind sehr liebenswürdig und sorgen für die sauberen Unterkünfte.

Seit kurzem sind nun endlich auch die Studentenwohnheime für Touristen zugänglich. Solange Zimmer bzw. Betten frei sind, können von nun an, ausländische und italienische Interessenten während der Semesterferien in den verschiedenen Studentenwohnheimen wohnen und in der Mensa essen. Die Semesterferien dauern vom 15. Juni bis zum 30. Oktober. Das Essen kostet in der Mensa um die 1.500 Lire, die Zimmerpreise schwanken je nach Bettenzahl. Interessenten wenden sich bitte an:

Casa dello studente "Civis", *Viale Ministero degli Affari Esteri 5,*
Tel 3962951

Camping

In einer großen Stadt wie Rom sollte man eigentlich nicht zelten. Die Campingplätze liegen weder romantisch, noch ist es besonders erquickend, nach einem fünfstündigen Fußmarsch in ein Zelt schlüpfen zu müssen. Es bleibt dennoch die billigste Übernachtungsmöglichkeit und die Stadt Rom hat in den letzten Jahren einige Campingplätze mehr eröffnen müssen, um der Nachfrage gerecht zu werden. Verständlicherweise liegen sie etwas außerhalb der Stadt, sind aber durch Busse gut mit dem Zentrum verbunden. Auch hier gilt wieder, daß derjenige, der nicht unbedingt stadtnah lagern möchte, auf einen der Campingplätze an einem der Seen, am Meer oder in die Berge ausweichen sollte. Dort ist es auch meist preiswerter.

Camping Roma, *Via Aurelia km 8,2 (Tel: 6223018)*
600 Plätze und sehr empfehlenswert. Dieser Platz hat zunächst einmal den Vorteil, einem sehr großen Supermarkt gegenüberzuliegen, der auch von vielen Römern wegen seiner bekannten Tiefpreise aufgesucht wird. Er ist außerdem der preiswerteste Campingplatz. 5.700 Lire kostet die Nacht pro Person, 2.500 pro Auto, 2.750 das Zelt und 1.000 Lire die Dusche. Er ist nur während der Saison geöffnet. Von hier ist es auch nicht mehr weit zum Meer; ständige Busverbindungen in viele Orte sind gewährleistet.

Camping Flaminia, *Via Flamina Nuova km 8,2 (Tel: 3279006)*
Der Campingplatz ist ganzjährig geöffnet. Er bietet Platz für 600 Personen. Er ist nicht viel teurer als der Camping Roma, hat als großes Plus aber ein Schwimmbad.

Camping Nomentana, *Via Nomentana km 12 (Tel: 6100296)*
Der kleinste Campingplatz von Rom mit 440 Plätzen. Er ist auch nur während der Saison geöffnet.

Camping Capitol, *Via Castelfusano 45 – Ostia Antica (Tel: 5650621)*
Auch ein sehr schöner Campingplatz, wenn auch sehr groß. Er bietet 1.800 Plätze, ein Schwimmbad und er ist ganzjährig geöffnet. Er liegt in der Nähe der Bahnlinie Rom – Ostia, wo alle halbe Stunde ein Zug verkehrt.

Auch in der näheren Umgebung finden Sie interessante Campingplätze:

Am Meer

00040 Anzio: *Lido di Pini, Via Ardeatina km 28, (Tel: 9890101)*
Schwimmbad, Meer. Plätze 1.700, ganzjährig geöffnet.

00055 Ladispolis: *La Toretto, 60 Plätze, (Tel: 9926380)*
(15.03- 30.09), Loc.: Torre Flavia

00058 Santa Marinella: *Marinella, Via Aurelia,*
km 66,4 (Tel: 736947).
Am Meer, 150 Plätze, (1.4.-30.9.)

An Seen

00062 Bracciano: *L'Ulivetto, Via Setteneve Palo,*
km 21, (Tel: 9022048).
220 Plätze, ganzjährig geöffnet

Portocciolo, *Ortschaft Qvadri.*
Straße um den See herum, 220 Plätze

Roma Flash Sporting Club, *Via Seteneve Palo, km 19,*
(Ort Vigna Grande), Tel. 9023669).
Vom 1.4. bis zum 31.10. geöffnet.

00069 Trevignano Romano: *Acquarella, Tel. 9019256, Loc. Aquarella*
120 Plätze, ganzjährig geöffnet.

In den Bergen

Monte Liveta: *(Subiaco) Luisana, Tel. 0774/86087.*
600 Plätze.

00019 Tivoli: *Chalet del Fuime, Via Nazionale Tiburtina*
Valeria 5 − km 34,5, Tel. 0774/20709.
100 Plätze, ganzjährig geöffnet.

Hotels und Pensionen

In Rom unterscheidet man vier Hotelarten: Alberghi, Hotels, Residenza und Pensioni. Die Pensioni sind nicht, wie bei uns, besonders preiswert. Oft ist es bei Pensionen so, daß man die Zimmer nur wochen- oder monatsweise mieten kann. Die Residenza sind luxuriöse, kostspielige Appartments, meist in wunderschönen Palästen gelegen. Hotels und Alberghi sind bedeutungsgleich; Hotel ist der internationale, Alberghi der italienische Ausdruck.

Viele billige Hotels finden Sie zwischen dem Bahnhof, Santa Maria Maggiore und der Piazza Vittorio Emanuele, weitere entlang der Via Nazionale. Die etwas vornehmeren Etablissements liegen zwischen der Trinitá di Monti, der Via Veneto und der Piazza Barberini.

Ich habe für Sie eine Auswahl getroffen, die auch für den kleineren Geldbeutel geeignet ist und bei denen der Service dennoch nichts zu wünschen übrig läßt. Die Hotels sind nach Sternen und in alphabetischer Reihenfolge geordnet. Die Zahl hinter der Adresse bezeichnet den jeweiligen postalischen Bezirk des Hotels, sollten Sie es zur Zimmerreservierung anschreiben wollen. Bei den Preisangaben bitte berücksichtigen, daß viele Hotelbesitzer in den Sommermonaten und in der Saison die Preise etwas anheben.

+ + **Dina**, *Via Principe Amadeo 62, Tel.: 4740694. 00187*
Zwischen dem Bahnhof und der Hauptkirche Santa Maria Maggiore liegt dieses Hotel. EZ: 12.000 Lire, DZ: 22.000 Lire, mit Duschen auf dem Gang.

+ + **Pantheon**, *Via dei Pastini 131, Tel.: 6795305. 00186*
Im Herzen Roms, neben dem herrlichen Pantheon gelegen. Man kann bis spät in die Nacht noch auf der Piazza sitzen, um dann sein sauberes und völlig ruhig gelegenes Zimmer aufzusuchen. EZ: 20.000 Lire, DZ: 35.000 Lire.

+ + **Silver**, *Piazzale L. Sturzo 9, Tel.: 5925041. 00144*
Etwas außerhalb im Regierungsviertel EUR gelegen. Mit der U-Bahn erreicht man das Zentrum aber in 15 Minuten und man entgeht so etwas der drückenden Stadtatmosphäre. EZ: 16.000 Lire, DZ: 26.000 Lire.

+ **Sole.** *Via del Bisciano 76, 00186*
Dieses Hotel kann ich Ihnen wärmstens empfehlen. Sie müßten allerdings reservieren, da auf Wochen alles ausgebucht ist. Eine steile Treppe führt zu dem auf drei Etagen gelegenen Hotel, das bezaubernde Innengärten verbirgt. Die romantische Atmosphäre, gemeinsam mit der freundlichen Art des Besitzers hat es zum Geheimtip unter den römischen Hotels werden lassen. Viele junge Leute aus der ganzen Welt übernachten in den sauberen, freundlichen Zimmern. Zudem liegt das Hotel dicht am Campo dei Fiori und bietet so schnellen Zugang zum Zentrum. Die Duschen befinden sich auf dem Gang. EZ: 17.000 Lire, DZ: 31.000 Lire.

+ + **Tefi,** *Via S. Basilio 53, Tel.: 411283. 00187*
Befindet sich an der Piazza Barberini; zu Fuß kann man bequem das Zentrum erreichen. EZ: 17.000 Lire, DZ: nur mit Bad im Zimmer, 40.000 Lire.

+ + **Valle,** *Via Cavour 136, Tel.: 411283. 00187*
An der Hauptkirche Santa Maria Maggiori in ruhiger Umgebung. EZ: 16.000 Lire, DZ: 26.000 Lire.

+ + **Villa July,** *Via Caterina Fieschi 20, Tel.: 530120. 00151*
Auf dem Monteverde, oberhalb von Trastevere, 10 Minuten mit dem Bus bis ins Zentrum. Ein kleiner Garten gehört zum Hotel. EZ: 13.000 Lire, DZ: 24.000 Lire.

+ **Accropol,** *Via Principe Amadeo 76, Tel.: 471258. 00185*
Auch dieses Hotel liegt zentral an der Kirche Santa Maria Maggiori. EZ: 13.00 Lire, DZ: 16.000 Lire.

+ **Adas,** *Via Cavour 233, Tel.: 4741432. 00184*
Ein kleines Hotel mit 11 Betten auf der Höhe des Bahnhofs. EZ: 10.000 Lire, DZ: 20.000 Lire.

+ **Allo Statuto,** *Via della Statuto 32, Tel.: 737606. 00185*
Noch einmal ein ganz kleines Hotel, direkt an der Piazza V. Emanuele mit dem großen Markt. Keine sehr schöne Gegend, dafür aber sehr preiswert. EZ: 7.000 Lire, DZ: 9.000 Lire.

+ **Andreina,** *Via G. Amendola 77, Tel.: 4758657. 00185*
Am Bahnhof gelegen, nicht sehr ruhig, aber sauber und preiswert. EZ:
11.000 Lire, DZ: 17.000 Lire.

+ **Angelo,** *Piazza Vittorio Emanuele 2, Tel.: 734975. 00185*
Ganz billig, wenn man sich mit wenig zufrieden gibt. Weder die Gegend
noch das Hotel sind atemberaubend schön. Keine Dusche. EZ: 4.500
Lire, DZ: 8.000 Lire.

+ **Blunno,** *Via Mariana Dionigi 17, Tel.: 3598460. 00193*
In einer schönen, ruhigen Gegend in der Nähe der Piazza Cavour, direkt
am Tiber. EZ: 10.000 Lire, DZ: 16.000 Lire.

+ **Campo Marzio,** *Piazza Campo Marzio 7, Tel.: 6514486. 00186*
Am Pantheon, direkt im Zentrum gelegen, in den unteren Stockwerken
eines alten Gebäudes. EZ: 11.000 Lire, DZ: 20.000 Lire.

+ **Di Gioia,** *Via S. Nicola da Tolentino 57, Tel.: 4750884. 00187*
Befindet sich an der Piazza Barberini, einen Katzensprung vom Zentrum
entfernt. EZ: 10.000 Lire, DZ: 13.000 Lire.

+ **Dutch,** *Piazza Vittorio Emanuele 124, Tel.: 736762. 00185*
Noch etwas für alle, die wenig Geld ausgeben möchten. EZ: 5.000 Lire,
DZ: 5.000 Lire.

+ **Febo,** *Piazzale Clodio 1, Tel.: 317057. 00195*
10 Minuten Busfahrt vom Zentrum, direkt am Fuß vom Monte Mario.
Dusche und Bad gibt es auf der Etage. EZ: 6.000 Lire, DZ: 10.000 Lire.

+ **Franca Villa,** *Via Principe Amadeo 62, Tel.: 465034. 00185*
Esquilino. EZ: 9.000 Lire, DZ: 12.000 Lire. Keine Duschen.

+ **Germano,** *Via Galafimi 14a, Tel.: 440121. 00185. Esquilino*
EZ: 11.000 Lire, DZ: 21.000 Lire.

+ **Gusti,** *Via Glusti 5, Tel.: 730772. 00185. Esquilino*
EZ: 11.000 Lire, DZ: 21.000. Lire. Ziemlich großes, sauber gehaltenes
Hotel, direkt bei dem Opernsaal Brancaccio von Rom.

+ **Isabella,** *Via F. Turati, Tel: 730079. 00185 Esquilino*
EZ: 6.000 Lire, DZ: 8.000 Lire. Keine Duschen.

+ **Katty,** *Via Palestro 35, Tel.: 4751385. Esquilino*
EZ: 7.500 Lire, DZ: 15.000 Lire. Ohne Duschen.

+ **Leale,** *Via Milazzo 4, Tel.: 4455661. 00185. Esquilino*
16 Betten, keine Duschen. EZ: 9.000 Lire, DZ: 13.000 Lire.

+ **Molise,** *Via urbana 10a, Tel.: 4740633. 00184*
Eine Querstraße der berühmten Via Veneto. Ein nettes, sauberes Hotel mit 17 Betten. EZ: 17.000 Lire, DZ: 26.000 Lire.

+ **Monaco,** *Via Flavia 84, Tel.: 4744335. 00187*
Ruhig und zentral gelegen. EZ: 15.000 Lire, DZ: 25.000 Lire.

+ **Oceano,** *Via Milazzo 4, Tel.: 490074. 00185*
Wieder in Esqulino, wo sich die meisten preiswerten Hotels befinden. EZ: 10.000 Lire. DZ: 21.000 Lire. Keine Duschen. Frühstück: 4.500 Lire.

+ **Onesti,** *Via Nizza 65, Tel.: 855463. 00198*
Salaria, in der Nähe der Piazza Fiume. Gute Gegend. Das Hotel hat keine Duschen. EZ: 8.500 Lire, DZ: 17.000 Lire.

+ **Oreyte,** *Via del Babuino, Tel.: 6793182. 00187*
Traumhaft schön gelegen ist dieses Hotel. Eine Minute von der Spanischen Treppe befindet es sich in einer Parallelen zur berühmten Via Margutta, der Antiquitäten- und Kunststraße. EZ: 14.000 Lire, DZ: 28.000 Lire. Hier kann man für 3.500 Lire auch frühstücken.

+ **Ottaviano,** *Via Ottaviano 6, Tel.: 383956. 00182*
Ganz in der Nähe des Petersdoms und eine Minute von der Einkaufsgegend "Via Cola di Rienzo" entfernt. Duschen und Bad auf dem Gang. EZ: 13.000 Lire, DZ: 20.500 Lire. Frühstück 4.000 Lire.

+ **Parigi,** *Via Sabotino 12, Tel .: 311933. 00195*
In der schönen Gegend Prati, am Piazza Mazzini gelegen. Ein sauberes, freundliches Hotel. EZ: 14.000 Lire, DZ: 22.000 Lire.

+ **Perigia,** *via del Colosseo 7, Tel.: 6797200. 00184*
In einer ruhigen Seitenstraße, mit Blick auf das Colosseum. EZ: 15.000 Lire, DZ: 25.000 Lire.

+ **Petite Maison,** *Via Calabria 17, Tel.: 462665. 00187*
An der Piazza Fiume gelegen, 5 Minuten bis ins Zentrum. EZ: 9.000 Lire, DZ: 13.000 Lire.

+ **Piave,** *Via Piave 14, Tel.: 4743395. 00187*
Noch einmal in der Nähe der Piazza Fiume. EZ: 15.000 Lire, DZ: 30.000 Lire.

+ **Piccolo,** *Via dei Chiavari 32, Tel.: 6542560. 00186*
In einer der wenigen verkehrsgesperrten Straßen Roms gelegen. Eine Minute Fußweg zum Campo di Fiori. EZ: 17.000 Lire, DZ: 22.000 Lire. Keine Duschen.

+ **Raccuia,** *Via Treviso 37, Tel.: 8445596. 00161*
Etwas ab vom Schuß, direkt bei der Universität. EZ: 9.000 Lire, DZ: 16.000 Lire.

+ **Rasella,** *Via Rasella 127, Tel.: 462042. 00187*
Liegt an der berühmten Fontana di Travi, in einem älteren Haus; nicht sehr anspruchsvoll. EZ: 12.000 Lire, DZ: 21.000 Lire.

+ **Romano,** *Largo Corrado Ricci 32, Tel.: 6795851. 00184*
Mit Blick auf das Forum Romanum liegt das Hotel an der großen Via dei Fori Imperiali. EZ: 13.000 Lire, DZ: 20.000 Lire.

+ **Sabotino,** *Via Sabotino 12, Tel.: 311933. 00195*
Im schönen Prati an der Piazza Mazzini. EZ: 13.000 Lire, DZ: 21.000 Lire.

+ **San Michele,** *Via Attilo Regolo 19, Tel.: 314271. 00192*
Elf Betten, keine Duschen, aber sauber und ruhig. EZ: 10.000 Lire, DZ: 15.000 Lire.

+ **Scipioni,** *Via degli Scipioni 268a, Tel.: 310147. 00192*
Keine Duschen, aber Frommen ist der Segen des Papstes gewiß, da sie ja praktisch zu seinen Füßen schlafen. EZ: 11.000 Lire, DZ: 19.000 Lire.

+ **Todini,** *Via V. Veneto 183, Tel.: 443457. 00187*
Auf dem römischen Champs-Elysées gelegen, mit Blick auf die Luxushotels, so daß auch auf das eigene bescheidene Zimmer etwas Glanz davon abfällt. Keine Duschen. EZ: 10.000 Lire, DZ: 18.000 Lire.

+ **Trento,** *Via Panisperna 45, Tel.: 6794988. 00187*
Nur Doppelzimmer und keine Duschen vorhanden. Preis pro Nacht 10.000 Lire. Das Frühstück kostet 2.500 Lire zusätzlich. Gut zu erreichen.

+ **Valparaiso**, *Viale Giulio Cesare 47, Tel.: 381076. 00192*
Ruhig in der zweiten Etage eines großen Miethauses an der Metro-
station Lepanto gelegen. Sauber, wenn auch nicht sehr anspruchsvoll.
EZ: 9.000 Lire, DZ: 11.000 Lire.

+ **Vanny**, *Via Forli 31, Tel.: 859354. 00161*
Befindet sich etwas abseits, nahe des Universitätsgeländes; dafür sehr
preiswert und sauber. EZ: 8.000 Lire, DZ: 15.000 Lire.

+ **Villa Maria Regina**, *Via della Camiluccia 687, Tel.: 3284293*
Ein großes Hotel mit Garten, Restaurant und guter Ausstattung in
einem der schönsten Wohnviertel Roms, der Camiluccia. Fünfzehn
Minuten braucht man mit dem Bus ins Zentrum. Nur Einzelzimmer
13.000 Lire.

Dienstleistungsbereich

Der Dienstleistungsbereich ist ein weites Feld. Wegen mangelnder bzw. völlig ungenügenden Sozialleistungen des Staates (Kindergeld, Arbeitslosenunterstützung usw.) und fehlender Arbeitsplätze sind viele Italiener zum Improvisieren gezwungen. Der private Markt ist daher sehr weit und dynamisch und ersetzt in vielen Bereichen den staatlichen, wie wir später sehen werden. Privatinitiativen erhalten auch sehr leicht finanzielle Unterstützung seitens des Staates, da dieser der Meinung ist, untätige Arbeitslose nicht, gut ausgearbeitete Ideen aber sehr wohl unterstützen zu können. So entstehen fast täglich Initiativen im Dienstleistungsbereich mit den ungewöhnlichsten Angeboten. Viele gehen schnell wieder ein, einige schaffen es aber, und vor allem in einer Millionenstadt wie Rom gibt es natürlich ein besonders reiches Angebot. Ein bißchen Sinn für die italienische Mentalität muß aber oft aufgebracht werden. Nicht selten verbirgt sich nämlich hinter einer guten Idee und einer großangelegten Werbekampagne eine schlecht organisierte und kaum funktionierende Gesellschaft. Man sollte es aber ruhig mal auf einen Versuch ankommen lassen. Die hier genannten sind von uns überprüft und wir können sie nur empfehlen.

Führungen und Stadtrundfahrten

Folgende Touristenorganisationen führen Stadtrundfahrten zu unterschiedlichen Preisen durch:

CIT, *Piazza della Republica 68*
American Express, *Piazza di Spagna 67*
Appian Line, *Via Barberini 106, Tel: 464151*
Green Line, *Via Farini 5a*
Vastour, *Via Piemonte, Tel: 46248*
Caravani, *Via V. E, Orlando 95, Tel: 474250*

Es gibt aber noch andere Arten, eine Stadtrundfahrt zu machen, die wesentlich preisgünstiger ist:

Jeden Tag fährt um 15 Uhr 30 (im Winter, samstags und an Feiertagen 14 Uhr 30) von der Piazza Cinquecento ein Autobus der ATAC zu

59

einer zweistündigen Stadtrundfahrt ab. Das Ticket kostet 6.000 Lire und kann beim Informationsstand der ATAC gekauft werden.

Seit kurzem fahren kleine Elektrobusse von der Piazza del Augusto Imperatore in regelmäßigen Abständen ab und machen eine Rundfahrt durch das Stadtzentrum. Das Ticket kostet 700 Lire.

Einen Fremdenführer kann man in der Via Parigi 5, der *Ente Provinciale per il Turismo* anwerben. Er ist jedoch recht teuer: Gruppen bis zu 12 Personen: 60.000 Lire für 3 Stunden.

Tip: Im *Trovaroma*, dem kostenlosen Beilageheft der Zeitung *La Republica*, die jeden Samstag erscheint, findet man auf einer der letzten Seiten unter der Überschrift *visite guidate* von der Stadt organisierte, meist kostenlose Führungen in den verschiedenen Galerien und Museen. Manchmal stehen auch Besichtigungen von Kirchen oder Gebäuden, die sonst für den Fremdenverkehr geschlossen sind, auf dem Programm. Leider sind die meisten in italienischer Sprache; es ist aber jeweils vermerkt, wenn auch anderssprachige Führungen darunter sind. Man sollte sich auch vorher unter den angegebenen Telefonnummern anmelden, da diese Führungen sehr gefragt sind und man bedacht ist, sie in kleinen Gruppen durchzuführen, um die Gesprächsmöglichkeit zu erhöhen.

Rund um die Arbeit

Die billigste Art, eine Übersetzerin, Dolmetscherin, Schreibkraft oder einfach eine Hilfe zu finden, ist es, erst einmal in das Annoncenblatt *Porta Portese* unter der Rubrik "richieste di lavoro" oder "lezioni privati" zu schauen. Viele deutsche oder deutschsprachige Mädchen, die in Rom leben, inserieren regelmäßig und bieten sich für derartige Arbeiten an. Eine weitere Möglichkeit sind die Aushangsbretter im schweizer- oder österreichischen Kulturinsstitut, im Goetheinstitut, Via del Corso 262 und der Herder Bücherei, Piazza Montcitorio; zudem kennen die Damen im Goetheinstitut sicherlich auch persönlich einige zur Verfügung stehende Studenten oder Mädchen, die gerne solche Tätigkeiten übernehmen.

Weitere Aushangsbretter findet man an den Sprachfakultäten der Universität, Villa Mirafiori, Via Nomentana oder Piazza dell' indipendenza sowie an allen Sprachschulen. Neben diesem inoffiziellen Markt gibt es natürlich eine ganze Menge von Organisationen, die verschiedene Hilfsdienste anbieten.

Simultanübersetzer

Centro Traduzioni e Servizi di Congresso, *Via Sallustiana 23, Tel: 485990*

Stoc, *Via G. de Ruggiero 44, Tel: 5405621*

Centro Pilota, *Via Palestro 68, Tel: 4953317*

Übersetzer

World Translation Center, *Via XX Settembre 1, Tel: 4752723*

Translation Office, *Via Calabria 20, Tel: 486408*

Agenzia Barberini, *Piazza Barberini 5, Tel: 4758873*

Eureka, *Tel.: 8445505*
Für 50.000 Lire schickt Ihnen diese Gesellschaft drei Mädchen mit den gewünschten Fähigkeiten zur Auswahl. Meistens sind es Studenten und junge Leute, die eine Teilzeitbeschäftigung für ein paar Tage suchen.

An folgender Adresse kann man sich Büroräume, verschiedenartig ausgestattet mit Computer, Fotokopiergeräten, Schreibmaschinen, Telefon, usw., mit oder ohne Sekretärin, stunden- oder tageweise, mieten:

Telerecapiti Italiana, *Tel: 4740407*

Auch wer eine Telefonnummer in Rom mieten will, wendet sich an vorstehende Firma. Für 15.00 Lire monatlich ist man dann zwischen 8 Uhr 30 und 20 Uhr ständig auf einer der 20 zur Verfügung stehenden Leitungen zu erreichen. Die aufgezeichneten Mitteilungen kann man auch von außerhalb abhören.

Fotokopien

Das Arbeiten mit Fotokopien, dem schnellen Binden zusammengehörender Seiten durch die Spiralbindung, mit Farbkopien, Verkleinerungen und Vergrößerungen ist in Rom schon selbstverständlich geworden. Es gibt unzählige Fotokopierläden, die gewiß nicht über zu wenig Arbeit klagen. Auch viele Geschäfte bieten nebenher einen Fotokopierdienst an, es kostet dort meist mehr als in den Fotokopierläden und Sonderaufträge sollte man immer zu letzteren geben. Der Preis für eine Kopie schwankt zwischen 50 und 200 Lire. Hier einige Adressen der preiswertesten Kopierläden:

Galliano, *Viale Mazzini 86 – Prati, Tel: 350747*

EURO Fotokopie, *Via di Monte Brianzo 79*

Lifer, *Via Arno 73/75 – Africano, Tel: 859461*

Blitzzustellungen

Die Idee kam 1984 einem jungen Engländer und ist heute eine echte Konkurrenz für die staatliche Post. Zu der ersten "privaten Post" auf zwei Rädern mit Namen "Speedy" sind heute mindestens 20 ähnliche Organisationen in der Hauptstadt entstanden. Überall sieht man sie auf ihren Mofas, Rollern oder Mopeds durch die Stadt eilen, um die Zustellungswünsche ihrer Auftraggeber zu erfüllen. Untereinander verständigen sie sich über Funk. Im Duchschnitt kostet eine solche Blitzzustellung 10.000 Lire und braucht max. 2 Stunden, um den gewünschten Brief oder das Paket vom Absender zum Empfänger zu bringen. Die meisten dieser Organisationen bieten bis zu 30% Mengenrabatt bei besonders vielen Aufträgen: 50 Aufträge 35.000 Lire, 100 Aufträge 675.000 Lire.

Speedy *832296 / 8322297 / 8322298*
Pony Express *3309*
City Service *7944841*
Moto Taxi *7788*
Road Runner *351216 / 318783*
Mail Express *8173643 / 8190263*
Roma Express *3389048*
Presto *6390748*
City Cross *861652*
City Mail *384343*

Interservice '85 *9120114*
Außer Blitzzustellungen erledigt dieses Unternehmen auch Ihre Überweisungen und andere Aufträge für die Bank. Der Preis für derartige Dienste beträgt 13.000 Lire. Für größere private Bamkangelegenheiten kann der Preis bis auf 140.000 Lire steigen.

Adra *896804 / 891932*
Die Stadt gibt sich geschlagen: Auch sie hat nun einen Kundendienst auf zwei Rädern für Blitzzustellungen gegründet, der nun wiederum den privaten Organisationen Konkurrenz machen soll und demnächst noch weitere interessante Angebote auf den Markt bringen will:

Il recapito espresso *(7487678)*
Für 50.000 Lire bringen sie auch Briefe oder Pakete in das gesamte Gebiet Lazio.

Willy Espress *(5138441)*
die billigste Blitzzustellung der ganzen Stadt: 8.500 pro Fahrt. Auch samstags vormittags zu erreichen.

Rom frei Haus

Seit einiger Zeit ist es sehr gefragt, die verschiedensten Dienstleistungsbetriebe in Anspruch zu nehmen, die ins Haus kommen: vom Blumenversand über Friseure und Delikatessenhändler bis zur Musikanten. Das ist tatsächlich sehr praktisch, denn für den kleinsten Gang, und sei es eben mal das Zeitungholen, muß man in dem chaotischen und schlecht koordinierten Rom mindestens eine halbe Stunde rechnen. Das kann man sich heute als Berufstätiger oder älterer Mensch kaum leisten. Kein Wunder also, daß diese Organisationen wie Pilze aus dem Boden schießen. Ihre Dienste sind vielleicht etwas teurer als im Laden oder Restaurant, aber man spart bestimmt Zeit, Nerven und eventuell Benzin- oder Buskosten. Will man einen solchen Service beanspruchen, sollte man bei der Wahl auch darauf achten, daß das Geschäft oder das Restaurant möglichst in der gleichen Zone liegt. Man erkennt das an den Telefonnummern: stimmen die ersten oder noch besser die ersten zwei Ziffern überein, so liegen sie nahe beieinander. So garantiert man sich prompteren Service und niedrigere Transportkosten.

Blumen und Pflanzen

La serra olimpica *(6223634)*
Sie können Pflanzen ab 15.000 Lire ordern. Für den Transport kommen noch einmal zwischen 4-5.000 Lire dazu.

Asso di fiori *(779743), Öffnungszeiten 9 bis 22 Uhr*
Spezialität: japanische Blumengeflechte, Ikebana. Sie kosten etwa 25.000 Lire, die Transportkosten belaufen sich auf 3-10.000 Lire.

Fiorstar *(769188)*
Entspricht dem unsrigen Fleurop. Man kann alle denkbaren Pflanzen- und Blumenarten bestellen.

Friseure

Sargassi *(6790637)*
Ein paar Tage im voraus kann man sich den Friseur ins Haus oder ins Hotelzimmer bestellen. Auch Bearbeitung als Modell ist möglich.

Sensation Style *(85815 / 8449848)*
Hier muß man nur 24 Stunden vorher anrufen.

Sergio e Marcello *(67957793 / 6784521)*
Auch hier muß man ein paar Tage vorher anrufen. Der Preis liegt um etwa 20% höher als im Geschäft.

Sergio Russo *(6781110 / 6780457)*
Er bietet sich für besondere Gelegenheiten an, z.B. auf Kleidung abgestimmte Frisuren mit vorhergehendem Probefrisieren. Für diesen besonderen Dienst am Kunden läßt er sich aber auch doppelt soviel zahlen wie im Laden, und man sollte sich mindestens zwei Wochen im voraus anmelden.

Bücher

Sind Sie bettlägerig und hätten gerne etwas zu lesen? Nichts leichter als das!

Buchladen Arethusa *(285369)*
Der Kundendienst bringt Ihnen innerhalb desselben Tages noch den gewünschten Buchtitel ohne Aufpreis für den Transport. Man kann immer zu den normalen Geschäftszeiten anrufen.

Borzi *(7575878)*
Verkauft nur Schulbücher, bringt sie aber innerhalb weniger Stunden frei Haus.

Russo *(352794)*
Verschickt die Bücher ohne Aufpreis, allerdings mit der staatlichen Post, was zwei, drei Tage dauert. Zusätzlich verschickt dieser Buchladen einen Katalog mit allen erhältlichen Werken.

Reinigung und Wäscherei

Piacenti *(464435)*
Ihre Wäsche wird abgeholt und je nach Wunsch innerhalb von 24 Std. gewaschen, gebügelt und genäht.

Tintoria Anna *(634871); 9 bis 20 Uhr.*
Ohne Preisaufschlag können Ihre Kleidungsstücke gereinigt, gewaschen und gebügelt werden.

La Suprema Tintoria *(426541)*
Der Kundendienst in ganz Rom, ausgenommen dem Stadtzentrum von der normalen Wäsche bis zur Lederreinigung, ohne Preisaufschlag.

Zampa *(6879096); 8 Uhr 30 bis 20 Uhr*
Nur für die Gegend um das Campo dei Fiori für normale Waschmaschinengänge.

Tintoria Sirte *(8389997)*
Holt Ihre Wäsche nur bei Jahreszeitenwechsel ab.

American Service System *(4751255)*
Außer normaler Reinigung der Wäsche werden auch Sofas und Teppiche gesäubert.

Essen

Vom Luxusessen mit silbernem Gedeck und Kristallgläsern bis zum einfachen Imbiß, alles kann man sich durch telefonische Bestellung auf den Tisch bringen lassen und so die überraschend gekommenen Gäste noch mehr überraschen. Bei Bedarf wird auch ein Kellner gestellt.

Delfino Catering *(9120273 / 9123204); nur werktags*
Für 6.500 Lire wird ein vollständiges Essen mit erstem und zweiten Gang heiß ins Haus gebracht. Für den Abend sollte man bis 16 Uhr angerufen haben. 20 verschiedene Menüs kann man bestellen. Für Rom Nord ist der Kundendienst optimal, da die Anfahrtszeiten kürzer sind.

Chinesische Küche wird von drei Restaurants ohne Transportkosten und zu den normalen Preisen aus dem Lokal geliefert::

China Cena *3389048*

Trevi Fountain Club *6797184*

China Service *6234934 / 6230329*

Carlo Rushena – *Gran Caffé, Tel. 3604654 / 3604652*
Raffinierte internationale Küche bis 16 Uhr für das Abendessen zu bestellen. Dienstag Ruhetag.

Vanni, *Tel.3598842, 7 bis 24 Uhr*
Selbst binnen Stundenfrist erhält man einfache aber schmackhafte Gerichte, die mit Blitzzustellung ins Haus gebracht werden. Preise zwischen 5 – 15.000 Lire für ein Gericht. Zehn Prozent Preisnachlaß.

Allemagnia al corso
Essen auf goldenem Gedeck für besondere Anlässe oder Empfänge. Die Preise der Mahlzeiten liegen zwischen 5 – 25.000 Lire. Die Transportkosten betragen 8.000 Lire und die Lieferung erfolgt in jeden gewünschten Stadtteil. Besondere Spezialität: Kuchen und Eis. Zehn Prozent Preisnachlaß für Besitzer dieses Buches.

Bar Hungaria; *Tel. 851430*
Wer gerne Hamburger und andere kleine Snacks mag, ist hier richtig verbunden. Bitte vor 10 Uhr bestellen.

Volpetti alla scrofa; *Tel. 6561940*
Wer zwischen 9 und 13 Uhr 30 anruft, kann ein gutes, einfaches Essen zum Preis von 10.000 Lire pro Person ordern.

Cigno; *Tel. 802348; 7 bis 22 Uhr 30.*
Auf Kuchen, Obst, Eis und kleinere Imbisse spezialisiert; 5.000 Lire kostet der Transport innerhalb des Stadtviertels Parioli und 10.000 Lire für die übrige Stadt.

Papero Giallo; *Tel. 8124200*
Zehn Prozent Preisaufschlag im Vergleich zum Lokalpreis verlangt man hier, für eine Crepe, Gulasch, Tortellini, Canelloni oder andere kleinere Gerichte.

La castella di Viale Liegi, *Tel. 865673*
Der Kundendienst ist auf das Stadtviertel San Lorenzo beschränkt, aber bei großen Aufträgen wird eine Ausnahme gemacht.

Natalizi *866213*
Exquisite Küche und Zubereitung. Da ißt das Auge mit. Einen Tag vorher anrufen.

Alas, *Tel. 351602; bis 19 Uhr*
Fürs Abendessen z.B. kann man gute italienische Gerichte anfordern, mit Zustellung in der ganzen Stadt. Ein komplettes Essen für 2 Personen kostet etwa 25.000 Lire.

Lebensmittel und Feinkost

Der Einkauf erledigt sich von allein und landet direkt auf dem Küchentisch. Praktisch, nicht?

L'Hiuvre, *Tel. 8395253; 9 bis 12 Uhr und 15 bis 19 Uhr*
Liebhaber französischer Miesmuscheln sollten hier anrufen. Eßbesteck, Toastbrot, Butter und Saucen werden gleich mitgeliefert. Der Kilopreis schwankt zwischen 16.000 und 20.000 Lire.

La Corte, *Tel. 6783842; nur Dienstag- und Freitagmorgen*
Fischspezialitäten. Transportkosten 3.500 – 6.000 Lire, Mindesteinkauf von 40.000 Lire für Hauszustellung nötig.

Focacci, *Tel. 6791228*
Noch einmal Fisch, aber nur für Anwohner um die Via della Croce.

Gargani, *Tel. 879012*
Für Anwohner des Stadtviertels Parioli wird der schöne, frische Fisch ohne Transportzuschlag ins Heim gebracht .

Aureli, *Tel. 6792946*
Alle Obst- und Gemüsesorten werden Ihnen ins Haus gebracht.

Ristorante della Salute, *Tel. 735719*
Obst und Milchshakes werden von den netten Mitarbeitern direkt serviert.

San Filippo, *Tel. 879314*
Blitzzustellungen zwischen 6.30 und 24 Uhr von Torten, Kuchen und Eis.

L'Eudide, *Tel. 870017*
Die Bäckermeister beliefern Sie gerne frei Haus. Torten für besondere Anlässe sollten Sie einen Tag vorher bestellen.

Panella − *L'arte de Pane, Tel. 733752 / 733707*
Kaltes Buffet und Spezialisten für Cocktails sind die Mitarbeiter von Panella. Transportkosten je nach Fahrtlänge.

Papero Giallo, *Tel. 8185857*
Ihre gesamte Speisenfolge können Sie telefonisch vor 11 Uhr durchgeben und bekommen alles ins Haus geliefert.

Standa ALAS, *Tel. 3761819 / 3761820*
Ein bequemer und billiger Einkauf, da er im großen Warenhaus Standa getätigt wird. Der Transport erfolgt kostenlos bei einem Einkauf von mindestens 30.000 Lire, ansonsten kostet er 3.000 Lire.

Angelini, *Tel. 8573379*
Wild und Huhn frei Haus im gesamten Stadtbezirk.

Silvano Plini, *Tel. 6786188*
Nur das Stadtviertel Parioli wird mit seinen Wild und Huhnspezialitäten beliefert.

Weine und Liköre

Der richtige Wein für ein gutes Essen ist fast ebenso wichtig wie das Essen selbst. Nicht nur mit tadelloser Belieferung, sondern auch mit Ratschlägen und Kostproben helfen Ihnen folgende Winzer gerne:

Tranani *(49791)*
Transportkosten zwischen 4.000 und 7.000 Lire. Einen Tag vorher anrufen. Große Auswahl an Weinen und Likören.

Arte del Bere, *Tel. 791584*
Leichter Aufpreis im Vergleich zum Ladenverkauf.

Bucconi, *Tel. 3612154*
Wein aus den Castelli Romani.

Corsi, *Tel. 46790821*
Wein und Liköre in Geschenkpackungen. Ungefähr 30.000 Lire kostet z.B. eine Geschenkkiste mit 6 Flaschen Wein.

Rochi, *Tel. 343694 / 8610122*
Ohne Aufpreis und Zustellung noch am selben Tag.

Enoteca Chiarotti, *Tel. 3499416 / 353218*
Großes Angebot. Ohne Mehrkosten für den Transport. Einen Tag vorher anrufen.

Enopanorama, *Tel. 5110196; 9 bis 13 Uhr und 14 bis 18 Uhr*
Einen besonderen Kundendienst bietet diese Weinkellerei. Sie verschickt einen selbsterstellten Katalog und eine Zeitschrift und betreibt auch einen Versandhandel in ganz Italien. Einen Tag vorher anrufen.

Allerlei: Vom Babysitter zur Serenade

Arci Donna Roma, *Tel. 316449*
Ein Zusammenschluß von 160 Frauen und Familien, die sich untereinander, aber auch anderen helfen wollen: sie bieten Babysitter, Betreuung älterer Menschen, Nachhilfestunden, Erledigung kleinerer Aufträge u.ä.

Ciliegia, *Tel. 6275705; 8 bis 20 Uhr*
Babysitter, sowie Organisation und Durchführung von Kinderfesten bietet diese Gruppe. 100.000 Lire kostet ein Kinderfest und dessen Betreuung, 7.000 Lire pro Stunde der Babysitter.

Fancy Dive, *Tel. 384787*
Sie machen es möglich. Alles wird erledigt, gestaltet, besorgt. Kein Weg ist zu weit oder zu schwer. Vom Babysitter zum Wein, vom seltenen Objekt zum Chauffeur und naiven Maler, vom letzten auffindbaren Handwerker seiner Branche zur Organisation eines Empfanges; ja sogar die Restaurierung eines zerfallenen Turmes wird durchgeführt.

Serenade, *Tel. 6786613; 8 bis 20 Uhr*
Zwei Gitarristen und eine Flamencotänzerin präsentieren sich vor Ihrer Tür und unterhalten Sie den ganzen Abend mit ihren Liedern und anmutigen Tänzen. Dieser Spaß ist allerdings nicht billig: 200.000 Lire muß man auf den Tisch legen.

Roma Pulita, *Tel. 5403333*
Sie wollen ausmisten und wissen aber nicht wohin mit dem Krempel, oder der Dreck vor Ihrer Haustür ärgert Sie jedesmal von neuem: für 1.200 Lire kommt der Reinigungsdienst der Stadt und leistet Abhilfe. Man kann ihn auch bei Überschwemmung, Rohrbruch, Desinfektion und Entwässerung rufen.

La Festaiole, *Tel. 3610094*
Kinderliebe Jungen und Mädchen, meistens Studenten, organisieren Kinderfeste und hüten die bambini, wenn Sie ohne sie ausgehen wollen.

ASS. *Centri di Solidarita, Tel. 4380321)*
Chauffeur, Babysitter, Altenbetreuung, Nachhilfe und Übersetzungen werden zu niedrigen Preisen angeboten.

Affitta Clown, *Tel: 5800270*
Noch einmal eine Gruppe, die für die Unterhaltung und das Vergnügen der Kinder sorgt. Eingeübte Vorführungen von Zauberern und Clowns, sowie die Organisation von gemeinsamen Spielen.

Reparaturen

Immer kann mal etwas während des Urlaubs entzwei gehen, vom Auto zum Schuhabsatz oder schicken Abendkleid. Das ist meist sehr ärgerlich, denn zu Hause weiß man, an wen man sich wenden, wen man rufen kann. Aber in einem fremden Land, in einer fremden Stadt ist das schon schwieriger. Hier einige Adressen aus verschiedenen Bereichen, auf die Sie sich gewiß verlassen können und die Ihre Sachen schnell und preiswert reparieren.

Schuhe

Einen Damenabsatz neu besohlen zu lassen, kostet zwischen 4.000 und 6.000 Lire, die ganze Sohle 10.000 bis 15.000 Lire. Bei Herrenschuhen müssen Sie etwa 10.000 Lire für den Absatz und 20.000 Lire für die gesamte Sohle rechnen. Bei abgebrochenem Absatz verlangen die Schuster um die 5.000 Lire.

Mister Mint, in allen Standa- und Upim-Kaufhäusern
Genau wie in Deutschland werden Sie in allen großen Kaufhäusern einen Schnellservice für Schuhreparaturen finden.

Calzolaio, *Viale Medaglie d'Oro 170 – Balduina*
Die Schusterei liegt in einer ehemaligen Garage, ihr Besitzer arbeitet flink, ordentlich und preiswert.

Schneidereien

Eine halbe Stunde bevor Sie ins Theater wollen, ist Ihnen der Reißverschluß an der Hose geplatzt (ob die italienische Küche doch zu gut war?) oder sie sind mit einem Kleid hängengeblieben und nun hat es einen langen Riß. Was nun? In der Stadt gibt es viele Näherinnen und Schneider, die ihr Handwerk verstehen und schnell den Schaden beheben.

Via dei Gracchi *187/b – Prati*

Corso Vittorio Emanuele *– Centro*

Via dei Gracchi *74-76 – Prati*
Nähmaterial, Knöpfe und Futterstoffe.

Piazza della Rovere *90 – Prati*
Reparatur von Taschen, Koffern, Schirmen

Auto

Sollten Sie einen Schaden an Ihrem Wagen haben, so rufen Sie in dringenden Fällen die 116 an, den Automobile Club Italiano, der Ihnen sofort einen Pannenhelfer schicken wird. Oder aber Sie nehmen die Dienste einer der zahllosen kleinen Autowerkstätten in Anspruch, meist getrennt nach Reifenwechsel, Elektronik- und Blechschäden. Bei Ihnen um die Ecke gibt es bestimmt eine dieser "officina". Die Preise für die Reparaturen sind auch mehr oder weniger überall gleich. Sollten Sie aber einen größeren Schaden an Ihrem Fahrzeug haben oder Ersatzteile brauchen, wenden Sie sich direkt an die Reparaturwerkstatt Ihrer Automarke. Unter folgenden Telefonnummern erreichen Sie jeweils die Hauptniederlassungen der angeführten Fabrikate; wenn Sie dort anrufen, wird man Ihnen gerne eine Anschrift in Ihrer Nähe nennen.

Alfa Romeo *3276617*
Audi *793921*
Austin *503911*
BMW *5912588*
Citroen *225841*
Ferrari *3276868*
Fiat *77311*
Ford *54471*
General Motors *816001*
Honda *8186902*
Jaguar *3276868*
Lancia *634347*
Maserati *6912858*
Mercedes *81631*
Peugeot Talbot *921021*

Porsche *3276868*
Renault *49961*
Rolls Royce *3276868* – natürlich nur falls Sie einen zweiten brauchen, denn die sollen ja nicht kaputtgehen.
Rover *503911*
Saab *862395*
Seat *5561805*
Skoda *386851*
Toyota *6237041*
Triumph *6237041*
Volkswagen *793921*
Volvo *3282973*

Wäschereien und Reinigung

Das Essen war zwar fantastisch, aber der rote Fleck von der Toma-
tensauce auf dem einzigen weißen Hemd, ist auch nicht zu übersehen.
Und manche Textilien kann man auch nicht eben mal auswaschen. Zum
Glück stecken verschiedene Schnellreinigungen und Wäschereien Ihre
Sachen auch gleich noch in den Trockner, so daß Sie innerhalb einer
Stunde wieder frisch gekleidet auf die Straße treten können:

Automatische Wäscherei, *Via Montebello 11, Tel: 489503,*
mit Münzeinwurf und

Tintoria Lavanderia, *Via Asconia 24 – Centro*

Im Dienste der Schönheit

Wer hat nicht schon von den Haarkünstlern Italiens gehört und
würde sich gerne mal ihren fachmännischen Händen überlassen – daß
dies gar nicht so teuer sein muß, weiß man oft nicht. Oder von der langen Fahrt und dem ewigen Rumlaufen fühlt man sich so schmutzig und
ausgelaugt, daß man sich nichts sehnsüchtiger wünscht, als eine heiße
Dusche. Aber wo?

Schönheitsinstitute

Modafferi Uomo, *Via dei Capuccini 21 (4757077)*

Lillo of Caruso, *Via Veneto 155 (493418)*

L'Isola di Mod, *Via dei Capuccini 11 (4754468)*

Michel, *Via Sistina 143 (4740761/4754468)*

Estetica Brunetti, *Viale Parioli 98 (874941/804091)*

Friseure

Auch davon gibt es eine Menge in Rom. Und wer sich eben nur mal die lästigen Fransen abschneiden lassen will, weil es für langes Haar eh zu heiß ist, sollte sich beruhigt irgendeinem dieser kleinen Salons anvertrauen. Die Preise sind dort recht niedrig und der Service ist gut. Natürlich locken auch zahlreiche Haarkünstler mit besonderen Angeboten:

Sargassi, *Via Frattina 48 – Centro; Modellstudio, Via Tomacelli 98 – Centro 6876356.*
Sargassi, die wohl berühmteste Friseurschule Roms. Sich vom Meister persönlich oder einem seiner Figaros die Haare schneiden oder frisieren zu lassen, ist sicherlich ein unvergeßliches Erlebnis, aber sehr teuer. Empfehlenswerter sind seine Friseurschulen, bei denen die Lehrlinge ihr Handwerk erlernen und Sie gegen wenig Geld als Modell gerne frisieren. Der Schnitt kostet 10.000 Lire, die Dauerwelle 28.000 Lire, und die Leistungen liegen auch hier meist über dem Durchschnitt.

Energy Hair-Studio, *Via Sistina 23*
Der modische Friseur bietet Jugendlichen einen besonderen Preisnachlaß. Alle unter 20 Jahren bezahlen für einen flotten Haarschnitt mit Haarwäsche und Beratung 12.000 Lire; die Dauerwelle kommt auf 18.000 Lire.

Und für die kleinen Leute noch etwas ganz Besonderes:

Parucchiere dei Bambini, *Via Metastasio 16*
Der Kinderfriseur schneidet seinen kleinen Kunden die Haare, während diese auf ganz besonderen Frisierstühlen sitzen: ausrangierte alte Karusseltiere, wie z.B. der kleine Elefant mit riesigen Ohren, die knallgelbe Giraffe und viele mehr; da wird das Frisieren noch zum Spaß.

Tageshotels

Wer sich einmal in aller Ruhe duschen oder sich waschen möchte, aber kein Bad im Hotelzimmer hat, kann das auch woanders erledigen. Selbstverständlich kann er z.B. ein Schwimmbad aufsuchen (Adressen siehe im Kapitel Sport und Spiel), aber es geht auch einfacher. Verschiedene Tageshotels bieten Bäder und Waschanlagen zur Körperpflege und Wäschereinigung an:

Casa del Passaggero, *Via Vimimale 1 (461795)*
Auch Sauna.

Cobianchi, *Via Cola di Rienzo 136 (312006)*

Stazione Termini, *(4758582)*
im Untergeschoß Waschanlage, Ruhezimmer, Leseraum, Restaurant – Bar.

Einkauf in Rom

Wahrscheinlich hat fast jeder in seinem Reisekostenvoranschlag ein gewisses Budget für den Einkauf in Rom eingeplant und wird dafür einen ganzen Tag opfern. Denn Einkaufen, das kann man in Rom wie in kaum einer anderen Stadt: vom antiken Kunstgegenstand bis zum letzten Modeschrei ist alles vertreten. Die größten Modeschöpfer der Welt stellen ihre Kollektionen aus, die italienischen Schuhe sind weltbekannt, das Antiquariat nimmt kein Ende, die seltsamsten und witzigsten Dinge sind hier zu finden. Dennoch, ganz so einfach geht es nicht, sich Hals über Kopf in das Einkaufsvergnügen zu stürzen. Zunächst ein paar Worte allgemein zum Einkaufen, denn im Vergleich zum Gewohnten gibt es doch einige Unterschiede. Einkaufs- und Fußgängerzonen sind so gut wie unbekannt; Kaufhäuser existieren nur wenige. In Italien blüht der Einzelhandel, der auch sorgfältig darauf achtet, daß die wenigen Kaufhausketten, nicht überhand nehmen und die Preise nicht zu sehr fallen. Das Geschäftsleben, Einkaufen also ist nicht räumlich beschränkt auf den Stadtkern, wenige Viertel und auch nicht in großen Einkaufszentren kaserniert. Gehen wir daher etwas näher auf die Hauptgeschäftsviertel ein. Natürlich erkennt man in fast jedem Stadtviertel eine Häufung von Geschäften in gewissen Straßen und an bestimmten Plätzen. Am Samstagnachmittag ist es dort Brauch, einen Einkaufsbummel zu machen. Auf der Via del Corso z.B., flanieren dann unzählige Personen der verschiedensten Altersgruppen und sozialen Schichten und betrachten die letzten Fensterauslagen. Man kommt sich wie in einer Modenschau vor, ist selbst schick zurechtgemacht, achtet darauf, gesehen zu werden und wandert die Straße mehrmals langsam von einem Ende zum anderen.

Typische Einkaufsstraßen werden im anschließenden Abschnitt kurz aufgeführt. Nach dem Gesagten, ist es klar, daß die interessanteren, billigeren Geschäfte überall im ganzen Stadtgebiet verstreut liegen; in der kleinsten Gasse, steht man plötzlich vor einer Auslage von Giorgio Armani. Lästig für alle, die sich einen Überblick über ein bestimmtes Warenangebot verschaffen möchten und nun ein ausgedehntes Gebiet abklappern müssen. Reizvoll aber für alle, die gern durch die Straßen bummeln und wie ich, die Trennung von öden Wohnbezirken und belebten Geschäftsvierteln verdammen.

Für den römischen Ladeninhaber ist das Schaufenster die eigentliche

Auslage und Visitenkarte. Der Italiener geht selten in ein Geschäft hinein und wählt dann dort aus. Da die Geschäfte meist winzig sind, liegt oft schon die gesamte vorhandene Ware im Schaufenster aus. Unentschlossene Naturen können also wie im Kaufhaus in aller Ruhe die Ware betrachten, wählen, weggehen, wiederkommen, es sich nochmal überlegen, um dann nach lange gereiften Entschluß beherzt das Geschäft zu betreten.

Es wird Ihnen ja sicher auch schon so gegangen sein, daß Sie wegen fehlender Sprachkenntnisse und aus Unsicherheit lieber in größeren, anonymeren Häusern gekauft haben, wo Sie sich vom Verkaufspersonal vielleicht weniger bedrängt fühlen. Aber selbst dann, wenn Sie noch unentschlossen sind, scheuen Sie sich nicht, in die "Höhle des Löwen" zu schreiten. Die meisten Verkäufer sind sehr freundlich, hilfsbereit und geduldig. Abgesehen von Schuhen müssen Sie bei herabgesetzter Ware allerdings damit rechnen, diese nicht anprobieren zu können.

Für Warenhäusern gilt, daß die Atmosphäre zwar oft lockerer und ungezwungener ist, aber was Ausgefallenheit, Aktualität und Preislage betrifft, können sie nicht immer mit den Angeboten des Einzelhandels konkurrieren.

Weitere Einkaufsmöglichkeiten bieten die Märkte. Und hier macht das Einkaufen Spaß, wenn man keine Markenprodukte sucht und sich nicht daran stört, daß viele der Standbesitzer besonders geschäftstüchtig und in aufdringlichster Art ihre Ware anpreisen. Das Angebot auf den Märkten wechselt ständig und wer Glück hat, kann hier wirkliche Schnäppchen schlagen. Doch mehr dazu in dem entsprechenden Abschnitt.

Geschäftszentren

Das historische Geschäftszentrum mit den ältesten Einkaufsstraßen, liegt im Stadtzentrum um die Via del Corso. Hier findet man Geschäfte aller Art und Preislagen, Kunstgalerien und Cafés.

Die Straßen, die die Via del Corso mit der Piazza di Spagna verbinden, d.h. Via Condotti, Via Frattina u.a. sind die teuersten und vornehmsten Geschäftsstraßen Roms. Wenn Sie viel Geld mitgebracht haben, geben Sie es dort ruhig aus! Für einen schmalen Geldbeutel sind die Auslagen – abgesehen von wenigen Ausnahmen – zu teuer. Via

Margutta, Via Ripetta und Via del Babuino, die alle von der Piazza del Popolo abgehen sowie die Via di Coronari bei der Piazza Navonna sind Straßen der Kunst mit ihren Antiquitäten, den Galerien mit Gemälden und Skulpturen und anderen kunsthandwerklichen Arbeiten. Via Sistina und Via Gregoriana sind zwei weitere Straßen für Leute mit einer dicken Brieftasche. Hier sind fast alle großen Modeschöpfer vertreten. Via del Tritone, die von der Via del Corso abgeht und die Via Nazionale, die von der Piazza della Republica bis zur Piazza Venezia führt, sind ähnlich wie die Via del Corso allgemeine Einkaufsstraßen mit einem breiten, preiswerten Angebot. Vor allen Dingen typisch italienische Dinge, wie Wollpullover, Schuhe und Sommerkleider kann man dort gut erstehen.

Für Leute mit außergewöhnlichen Geschmack empfiehlt sich die Via Giubbonari und ihre Seitenstraßen. Hier verstecken sich viele kleine Geschäfte mit extravaganten Modeangeboten und Modeschmuckständen. Von der alternativen Mode zum spitzenbesetzten Tüllkleid ist alles vertreten. Diese Straße geht von dem Campo di Fiori ab, auf dem auch einige Secondhandläden zu finden sind.

Etwas abseits, mittlerweile aber zum Geheimtip für gute Einkaufmöglichkeiten geworden, hat sich das Viertel um die Metroendstation Ottaviano entwickelt. Nicht nur daß die Geschäfte vielseitig, preiswert, modisch und interessant sind, es kommen auch täglich "wandernde Stände" dazu, die ihren Kram zu Schleuderpreise abgeben. Zu ihren Waren gehören hauptsächlich Schuhe, Lederwaren, Pullover, Haarschmuck und ähnliches. Man sollte zur Piazza Risorgimento hinabgehen und dann der Via Cola di Rienzo bis zur Piazza Cola di Rienzo folgen. Links davon befindet sich die Metrostation Lepanto für alle, die schon schlapp machen. Wer weitermachen möchte, geht nochmal die Via Cola di Rienzo zurück und schaut sich die Auslagen der ebenfalls sehr preiswerten Geschäfte der Via Candida an. Zum Verschnaufen setzen Sie sich in eins der zahlreichen kleinen Cafés mit Tischen im Freien.

Eine sehr preisgünstige, leider aber auch etwas heruntergekommene Einkaufsgegend liegt an der Piazza Vittorio Emanuele. Unbedingt auf den Geldbeutel achten, da viele Taschendiebe hier ihren "Arbeitsbereich" haben! Die eigentliche Attraktion ist das riesige Kaufhaus MAS mit wirklich sehr preiswerte, einfache Kleidungsstücken und seiner hervorragenden Haushaltswarenabteilung.

An einem anderen Ende der Stadt geht eine ebenfalls preiswerte Straße von der Piazza Fiume ab. In der Via Salaria wird man sicher einige interessante Sachen erstehen können. Sie kreuzt die große Via Regina Margherita, die auch einige Geschäfte mit außergewöhnlichem Angebot zählt. Sie liegen hier aber weitläufig verstreut. Zwischen der Via Salaria und der Via Nomentana schließt sich das Viertel "Africano" an; die Bezeichnung kommt von den afrikanischen Straßennamen. Dieses Viertel ist das modernste der Stadt, das sich in den kommenden Jahren und vor allen Dingen durch die bald in ihrer Nähe verlaufende U-Bahn erst vollständig entwickeln wird. Heute fehlt es noch etwas an Vitalität und Atmosphäre. Es ist einfach noch zu neu, zeigt aber schon deutlich erfolgversprechende Ansätze zu einer wirklich gefragten Gegend.

Für Stoffe und Einkauf in verbilligten Großpackungen von Bettwäsche, Handtüchern und Miederwaren geht man am besten in das Judenviertel zwischen dem Largo Argentina und dem Tiber.

Zuguterletzt noch die Via Appia Nuova. An der Porta San Giovanni beginnend, an der auch täglich der große Kleidermarkt stattfindet, bietet diese große, kilometerlange Ausfallstraße ein derartig vielseitiges Angebot an Geschäften aller Art und Preislagen, daß sie in einem Tag nicht zu bewältigen ist. Für einen Bummel reicht es im allgemeinen völlig aus, bis zur Piazza Re di Roma vorzudringen.

Kaufhäuser

Rom zählt zwei große Kaufhausketten, UPIM und STANDA. Die Upimhäuser sind etwas einfacher ausgestattet, bieten aber genau wie das Standa von Kleidung, Kosmetik, Schreib- und Haushaltswaren über Wolle und Geschenkartikel, alles an. Auch preislich halten sich die beiden Kaufhäuser die Waage. Einige wenige führen auch Lebensmittel.

UPIM-Häuser gibt es an folgenden Adressen:
Via Enea 10 – Tuscolana; Largo Boccea 10 – Aurelia-, Piazza Tuscolo 23 – Tuscolana; Circonv. Gianicolense 78; Viale Libia – Africano; Via Malatesta 221 – Prenestina; Viale Marconi 198 – Trastevere; Piazza Balduina – Balduina; Via Nazionale 211 – Centro; Via Alessandria 160 – Prenestina; Largo Ravenna – Nomentano; Via del Tritone 172 – Centro; Via Prati Fiscali – Monte Sacro; Via Ferrero di Cambiano – Camiluccia; Via Amatrice – Salario; Piazza Pio XI 20 – Aurelio;

STANDA-Häuser gibt es hier:

Via Cola di Rienzo 173 – Prati; Piazza San Giovanni in Dio – Monteverde; Viala Trastevere 62; Via Appio Nuova 11; Corso Sempione – Monte Sacro; Piazza dei Mirti – Casilina; Via Tucolana 895; Via Val Grana – Monte Sacro; Via Tibustina 421; Via Caffaro 57 – Ostiense; Corso Trieste 200 – Africano; Via Oceano Atlantico – EUR; Corso Francia – Della Vittoria; Viale Regina Margerita 117; Viale C. Colombe 456; Viale L. da Vinci 110 – Ostiense.

Dem schließen sich noch vier Kaufhäuser an, die nur durch wenige Niederlassungen in der Stadt vertreten sind: **Coin, Rinascente, Oviesse** und **Mas**:

Das **Coin** gibt es nur einmal auf der Piazzale Appio bei der Basilica San Giovanni in Laterano. Das ist das vornehmste aller Kaufhäuser mit Teppichboden, Klimaanlage und farbenprächtigen Auslagen. Die Preise sind dementsprechend hoch.

Das **Rinascente** hat zwei Vertretungen in Rom, einmal an der Piazza Colonna – Centro und Piazza Fiume – Ludovisi. Auch das sind sehr schicke Geschäfte vornehmlich mit Kleidung.

Das **Oviesse** ist eine etwas größere Kaufhauskette, die die Preise niedrighalten kann aufgrund der sehr einfachen Innenausstattung. Hier gibt es Wühltische und viele Angebote. Via Candia 74 – Balduina; Piazza Radio 74 – Trastevere und Piazza Vittorio Emanuele 113:

Das **Mas** liegt an der Piazza Vittorio Emanuele. Hier findet man vor allen Dingen preiswerte Haushaltswaren, wie z.B. alles für die Küche, Handtücher, Bettwäsche u.a. Auch Kleidung ist nicht teuer, wenn auch nicht sehr ausgefallen. Der Einkauf lohnt sich eigentlich nur für T-Shirts, Strümpfe und Unterwäsche.

Für den Lebensmittelbereich gibt es überall in der Stadt große Supermarktketten, wie **SMA, GS, SITRA, ACOR, IN'S** und Discountshops. Wer einen Ausweis für die Metro hat, findet diese in der Via Laurentia bei Kilometer 9, Tel. 547801. Etwas außerhalb der Stadt in der Via Aureli Kilometer 8,4 gibt es den großen Supermarkt **Silos**, bei dem man sehr preiswert einkaufen kann. Leider liegen auch die meisten anderen Supermärkte etwas außerhalb des Stadtzentrums in den Wohngegenden. Hier einige nächstliegende Adressen für den Lebensmitteleinkauf:

STANDA, *Via Cola di Rienzo*;
GS, *Piazzale degli Eroi*;
In'S, *Piazzale Radio 72*;
SMA, *Via Cavour 261* und *Viale Marconi 200*.

Märkte

Der Einkauf auf dem Markt oder an Verkaufsständen auf der Straße ist in Rom ein fester Bestandteil des täglichen Lebens. Von vielen Hausfrauen werden die Supermärkte, in denen man z.B. das Gemüse auch abgepackt kaufen kann, nur eines schrägen Seitenblickes gewürdigt. Es ist aber einfach auch schöner, garantiert frisches Obst und Gemüse unter strahlendem Himmel zu kaufen, und bei dem Händler den Preis noch etwas drücken zu können, oder zumindest erst einmal zu probieren, bevor man kauft. Deshalb gibt es in jedem Stadtviertel mindestens einen Markt. Auf diesen Märkten erhält man außer Obst und Gemüse auch frisches Fleisch, Fisch, Käse, Wurst und alle anderen Nahrungsmittel wie Pasta, Kekse, Butter usw. Stände mit Lederwaren, Stoffen, Haushaltswaren, Schuhen, Kleidung und Nähzubehör sind auch immer vertreten. In den meisten Fällen handelt es sich hierbei um wandernde Stände; d.h. sie sind jeden Tag auf einem anderen Markt, kehren in regelmäßigen Abständen aber wieder. Ein richtiger Markt ohne sie ist undenkbar. Gerade diese Stände haben auch meist die günstigsten Angebote. Hier können nur die größten und preiswerteren Märkte genannt werden. Sie werden aber während ihrer Spaziergänge sicher noch auf viele dieser kleinen Märkte stoßen. Bedenken Sie aber, daß die Preise im Stadtzenrum etwas höher liegen als außerhalb. Der Markt wird morgens ab 5 Uhr bis ca. 14 Uhr abgehalten und findet auch samstags statt. Montags nehmen sich dafür einige Standbesitzer frei und das Angebot ist entsprechend schmaler.

Trionfale

Vom Largo Trionfale bis zur Piazza degli Eroi erstreckt sich der größte Markt entlang der Via Andrea Doria. Hier erhält man alles, was das Herz begehrt und die Stände mit Gebrauchsartikeln ziehen sich auch bis in die kleinen Gassen Via Ostia und Via Tolemaide hinein. Auch sehr zu empfehlen sind die Geschäfte am Markt. Um mit den Ständen konkurrieren zu können, bieten sie stets frische Ware an. Ich möchte besonders auf die "Bottega della cane", "Il pesce surgelato" und das Käsegeschäft "formaggi" fast an der Piazza degli Eroi hinweisen.

Piazza Vittorio Emanuele
Ebenfalls sehr groß und preiswert ist dieser Markt, wenn auch das Publikum hier grobschlächtiger ist als am Trionfale. Rund um den Platz, in dessen Mitte eine Art Garten angelegt ist, ziehen sich die Stände. Kleidung und andere Artikel werden vielfach auf der anderen Straßenseite angeboten.

Campo dei Fiori
Früher ein großer Blumenmarkt, heute nur noch ein kleiner Lebensmittelmarkt. Vor allen Dingen gebrauchte und neue Kleidung, vielfach auch Arbeitskleidung, wird angeboten.

Piazza del Testaccio
Ein weiterer großer Einkaufsmarkt nicht nur für die Anwohner sondern auch Anziehungspunkt für Kauflustige und Neugierige aus der weiteren Umgebung. Gute Geschäfte werden überall abgeschlossen – Markenschuhe oder ein Kilo Erdbeeren wechseln den Besitzer.

Großmarkt
Wer etwas Besonderes erleben möchte, muß um 4 Uhr aufstehen und auf den "Mercati Generali" in der Via Ostiense fahren. Dort treffen nämlich die Lastwagen aus ganz Italien ein und laden Obst, Gemüse, Fisch und Fleisch in allen Variatianten in den riesigen Lagerhallen ab. In der kleinen Bar auf dem Gelände wird man dann die Gelegenheit haben, die rauhe aber herzliche Art der Fernfahrer bei einem Capuccino kennenzulernen. Bis morgens 10 Uhr kann man die Ware nur in großen Mengen kaufen. Es lohnt sich trotzdem frühmorgens schon dabei zu sein. Alleine schon um mitzubekommen, wie die Händler lautstark feilschen, sich beschimpfen, begrüßen und schon zu dieser nachtschlafenden Zeit so vital sein können. Ab 10 Uhr wird die restliche Ware an Interessenten verschleudert.

Andere Märkte

Jeden Dienstagmorgen bis 12 Uhr findet in der Via Trionfale in der Nähe des allgemeinen Marktes, der Blumengroßmarkt statt. Frühmorgens kaufen die Händler hier ihre Ware, dann ist der Überschuß an den herrlichen Blumen, Sträußen, Pflanzen und Blumenkreationen zum Verkauf freigegeben. Man kann für 2.000 Lire mit 20 großen Rosen heimwärts ziehen.

Piazza Fontanella Borghese
Auch dieser Markt verdient Ihre Aufmerksamkeit. Früher war er noch größer, doch auch heute noch birgt er so manchen antiken Schatz. Spezialität sind alte Bücher und Drucke sowie Originale und erstklassige Reproduktionen alter Meister. Auch einige kleine Antiquitäten wie Uhren, Schmuck und Besteck werden angeboten. Der Markt findet täglich statt.

Ein anderer Büchermarkt wird im Sommer an der Ponte Milvio gegenüber der Engelsburg abgehalten. Ähnlich wie in Paris die "bouquinistes" stehen die Buchhändler hier am Fluß und bieten Bücher aller Art und jeden Alters an.

Via Sannio
Im Schatten der Basilika San Giovanni in Laterno liegt dieser Kleidermarkt in der Via Sannio. Abgesehen von ein paar Ständen mit Schmuck und Kosmetik ausschließlich Bekleidungsstücke. Im vorderen Teil des Marktes finden Sie die Stände mit neuen Waren. Auch hier kann man so manches gutes Geschäft machen, z.B. beim Kauf einer Lederjacke, kaum aber bei einem Pullover oder einem Paar Schuhe. Der hintere Teil bietet vor allen Dingen frühmorgens ein herrliches Schauspiel. Inmitten riesiger Wühltische, umgeben von hohen Kleiderhaufen, stehen Frauen und preisen lauthals ihre Ware an, während zu ihren Füßen unzählige Italienerinnen eifrig alles begutachten und nach dem Richtigen suchen. Alles ist gebrauchte Kleidung, die zu einem Einheitspreis von 2.000-5.000 Lire weggeht. Wenn es Ihnen Spaß macht, sich unter die Menge zu wagen und ordentlich zu wühlen, werden Sie hier die ungewöhnlichsten Kleider und Stoffe − und durchaus tragbar − finden. An anderen Ständen werden Militärkleidung, alte Miederwaren, Mäntel oder Stoffe angeboten. Dieser Markt findet täglich, außer am Wochenende, bis 13.00 Uhr statt.

Porta Portese

Der eigentliche Flohmarkt von Rom. Jeden Sonntagvormittag erstreckt er sich zwischen der Viale Trastevere, der Piazza Porta Portese und der Via Portuense bis zum Largo S. Toya. Mit unseren Flohmärkten zuhause hat er wenig gemein. Er ist erstens um einiges größer, bietet darüberhinaus z.T. andere Waren an, verfügt über ein anderes Publikum und es herrscht immer ein schreckliches Gedränge. Es ist wirklich äußerst anstrengend sich durch die Menge zu bewegen und überhaupt einen Blick auf die ausgelegte Ware zu erhaschen. Im südlichen Teil des Marktes, d.h. ein Stück auf der Via Portuense, werden fast ausschließlich neue Waren angeboten, darunter befinden sich sowohl Kleidungsgegenstände als auch Dinge des täglichen Gebrauchs. Auf dem Largo D. Anzani sind viele Bücherstände aufgebaut. Die Via Orti di Trastevere bietet hauptsächlich den Möbelständen Platz. Auf der Piazza Benardo Da Tiltre, auf der Viale Trastevere und in den kleinen Gassen dahinter findet man dann endlich die für einen Flohmarkt typischen Artikel, wie gebrauchte Kleider, witzige und selbstgemachte Gegenstände und viel Krimskram. Aber auch hier trifft man auf völligen Ramsch obskurer Herkunft oder auf professionelle Händler, die unter der Woche auf den anderen Märkten Waren wie Musikkassetten, Werkzeug, billige Schuhe und ähnliches verkaufen. Trotz seiner großen Bekanntheit ist Porta Portese nicht empfehlenswert – es gibt schönere Märkte. Nervenschonender und erfolgreicher geht es bestimmt auf den kleinen Märkten unter der Woche zu.

Auktionshäuser und Antiquitäten

In einer Stadt mit so viel Geschichte und Kunst kann das Antiquariat und der Verkauf von Kunstgegenständen nur eine große Rolle spielen. Es gibt ganze Straßenzüge, in denen das Antiquariat blüht. Sie werden deshalb auch gleich erkennen, daß meine Aufzählung der Geschäfte vielfach nach Straßen gegliedert ist. Auch der Verkauf über Versteigerung, l'Asta, floriert in Rom. Weltbekannt und beneidet um die Qualität der ausgestellten Ware ist die Villa Borghese. Auch wer nichts ersteigern möchte, sollte sich eine halbe Stunde Zeit für eine Besichtigung nehmen. Nicht nur die ausgestellten Stücke, von wertvollen Teppichen zu altem

Silber und wunderschönen Kristallgläsern, sind einer Betrachtung wert, auch die Villa an sich ist ein Juwel und über die Besucher dieser Versteigerung kann man nicht selten schmunzeln.

Villa Borghese, *Piazza del Porto di Ripeta*

Zwei andere kleinere Versteigerungshäuser gibt es in Rom:

Christie's, *Piazza Novonna 14*

Casa d'Aste Antonina, *Piazza die Spagna 93, Tel. 6792094*
Versteigerungen finden, wenn sie nicht gerade mehrtägig sind, samstagnachmittags statt.

Antiquitäten

Via del Roschetto

Die ganze Straße scheint ein einziges Antiquariat zu sein.
Verschiedene Händler bieten ihre Ware in folgenden kleinen Gassen an, die von der Via Cavour abbiegen:

Pussato Prossimo, *Via del Boschetto 77/A (4745528)*

Nilo Costa, *Via Panisperna 238 (4759379)*

Aldo Viola, *Via del Boschetto 100 (5783298)*
nur alte Drucke.

Via dei Coronati

Die alte und elegante Straße der Antiquitätenhändler. Es gibt zwar keine unerschöpfliche Schätze mehr so wie früher, aber mit etwas Geduld und Fingerspitzengefühl kann man noch fündig werden bei:

Tankard, *Hausnummer 140, Tel. 6543974*

Tainti e Porbelli, *Hausnummer 187, Tel. 6542260*

Tanca, *Hausnummer 239, Tel. 6540052*

Tanca, *Salita dei Crescenzi 112 – centro*
Ein Antiquitätenhändler, der der Konkurrenz die Stirn bieten kann und unbedingt zu erwähnen ist.

Leoncino, *Via del Leoncino 23*
Eine wahre Freude für das Auge: Mosaiktische, antike und wertvolle Marmorplatten und viele kleine Zeugnisse vergangener Zeiten.

Il Caminetto, *Via del Leone 23 – centro*
Antike Kamine aus Steingut oder handbemalter Keramik gibt es hier.

Via del Babuino – centro
Apelloni, Nr. 133
Fallani, Nr. 58
Lampronti, Nr. 152
Antonacci, Nr. 146

Le Troc, *Via dei Creci 38 – centro*
Spezialisiert auf das 20. Jahrhundert, ein Antiquitätenhändler, bei dem der Tauschhandel noch blüht.

Emporio Floreale, *Via delle Carozze 47 – centro*
Mapi Maino heißt der Besitzer. Er entdeckte den Liberty-Stil wieder. Heute ist er sehr gefragt. Seine Spezialität sind die Arbeiten der italienischen Kunsttischler des frühen 20. Jahrhunderts.

Galeria Antiquaria di Via d'Alibert, *Via Margutta 61 – centro.*
Seit 1955 bieten hier Daria Lugli Durini und sein Sohn Paolo, Architekt, die schönsten englischen und französischen Tische aus dem 18. und 19. Jahrhundert an.

Galleria Eleuteri, *Via Mario dei Fiori 9-10 centro*
Ein Experte auf dem Gebiet der Malerei des 19. Jahrhunderts. Seine Bilder sind denen eines Museums durchaus würdig.

Di Castro, *Piazza di Spagna 5 – centro*
Tonangebend: geschmackvolle Zusammenstellung. Die Räumlichkeiten sind sehr begrenzt; die Auswahl ist dafür um so wertvoller.

Pacitti, *Via dei Banchi Vecchi 59 – centro*
Alte Drucke, unvergeßliche Ansichten der Stadt, aber auch Drucke anderer Städte Italiens, bietet dieser kleine Laden.

Buchläden

International Bookshop, *Via della Lungaretta 25 -*
Trastevere, Tel. 5896478.
Bücher in allen Sprachen, vorwiegend auf Italienisch und Englisch,
werden hier in breiter Auswahl verkauft.

Libreria Rinascita, *Via delle Botteghe Oscure 1,*
Tel. 6797460 – quartiere ebraico
Im Erdgeschoß des Parteisitzes der Kommunisten, der PCI, unterge-
bracht. Sie ist auch sonntags geöffnet. Außer einer guten Bibliothek
bietet sie eine der bestsortierten Schallplattensammlungen, mit seltenen
Aufnahmen.

Gascianelli libri antichi, *Largo Tibo 15 – centro, Tel. 6542806*
Ein Buchantiquariat mit Reproduktionen alter Werke, die nicht mehr
verkauft werden. Er liegt in einer kleinen Gasse beim Pantheon.

Libreria Rotondi, *Via Merulana 82 – Esquilino*
Breites Angebot und zuvorkommende, nette Bedienung.

Libreria S. Agostino, *Via s: Agostino 171/a – centro*
In der Nähe der Piazza Navonna liegt diese geheimnisvolle Bücherei.
Ausschließlich Werke zu den Themen Morgenland, Esoterik und Mystik.

Feltinelli, *Via V.E. Orlando 86, – Ludovisi und*
Via del Babuino 86 – centro
Eine der größten Buchhandlungen Roms mit zwei Filialen. Eine gute
Auswahl aus allen Gebieten sowie eine Abteilung ausländischer Werke
in der Landessprache.

Rizzoli, *Largo Chigi 15 – centro*
Ein großer Buchladen auf zwei Etagen mit internationalem Sortiment.

Remainders, *Piazza San Silvestro 27 – centro*
Ein Buchladen für neue und gebrauchte Bücher, der bis zu 50% Preis-
nachlaß gewährt. Romane und Western kauft man besonders günstig.
Eine weitere Filiale ist auf der *Piazza del Vimiale 12.*

Libreria Francaise la Procure, *Via Sistina 137 – centro*
Ausschließlich Werke in französischer Sprache.

Libreria Espagnola Sorgente, *Via Monserrato 35/36 – centro*
Bücher in spanischer Sprache.

Libreria Herder, *Via Montecitorio 117 – centro*
Der deutsche Buchladen, der in anderen Kapiteln schon näher beschrieben wurde. Auch Abteilungen mit Werken in französischer, italienischer und englischer Sprache sind vorhanden.

Sergio Dotti, *Via delle Scrofa 58 – centro*
Noch ein erstklassiges Buchantiquariat mitten im Zentrum.

Libreria al Ferro di Cavallo, *Via Ripetta 67 – centro*
Gegenüber der Kunstakademie gelegen, enthält dieser Buchladen ein großes Sortiment an Kunstbüchern aus allen Ländern.

Maraldi, *Via Leone IV 23 – Prati*
Spezialisiert auf gebrauchte Bücher. Großer Laden mit ausgewähltem Angebot auch an Schul- und Lehrbüchern.

Heilkräuter und Biokost

Farmacia S. Gallicano, *Via S. Gallicano 25/A*
- Trastevere Tel. 582985.
Neben dem ältesten Krankenhaus der Stadt mit seinem bewundernswerten, verträumten Hof, liegt die alte Apotheke S. Gallicano. Sie verkauft ihre Medikamente und Kräuter noch aus großen Glasbehältern, die in einer großen Holztheke und in großen Holzregalen aufbewahrt werden. Berühmt ist diese Apotheke für ihre hausgemachten Hautpflegemittel aus Naturkräutern. Die ganze Apotheke erinnert etwas an unsere frühen Puppenstuben.

Farmacia S. Maria della Scala, *Piazza S. Maria della Scala 23*
- Trastevere, Tel. 580617.
Die letzte klösterliche Apotheke. Heute werden die Waren nur noch im Erdgeschoß verkauft. Ein Tip: fragen Sie doch mal nach, ob Sie die oberen Räume sehen dürfen. Gerne führen die Schwestern die Besucher in dieses Reich der Fläschchen, Säfte und Kräuter. Man fühlt sich wie in einem Museum oder einer Hexenküche.

La Betulla, *Vicolo della Torretta 58 – centro.*
Ein erfahrener und gut sortierter Kräuterladen, der Ihnen so manches
Geheimrezept verraten kann.

Bottega di Lunga Vita, *Via Campo dei Fiori – centro.*
Reformkost; immer gut für ein gesundes, preiswertes Mittagessen.

Centro Macrobiotico Italiano, *Via della Vita 14 – Centro*
Ebenfalls Reformkost, mittags nicht teuer, dafür viel gesundes Grünzeugs.

Bottega del Naturista, *Via Eleonora Duse 31 – Parioli*
Internationale Reformprodukte, Vitamine, Mineralien, Naturkosmetik
und Therapien gegen Streß, Haarausfall und Übergewicht auf natür-
licher Basis.

Centro Reformhaus, *Via G.C. Santini 6 – Trastevere.*
1982 mit einem Preis für Qualität ausgezeichnet. Reform- und Naturkost, Vitamine und Naturkosmetik bietet dieses Zentrum und gibt
darüberhinaus die Möglichkeit Sport und Bodybuilding zu betreiben.

Oreon, *Via A. Veranzio 63/65 – EUR*
Selbstgemachte, auf Naturprodukten basierende Parfüms, vegetarische
Seifen und mit Heilkräutern versehene Kosmetika.

Lebensmittel, Delikatessen und Wein

Drogheria Piperno, *Via Santa Maria del Pianto 59 – quartiere ebraico.*
Man darf sich nicht vom Namen irreführen lassen. Es handelt sich um
keine Drogerie, sondern man kann hier Kaffee und feinste Schokoladen
wie z.B. "i granduiotti", eine toskanische Spezialität, und andere Leckereien erstehen.

Bottega del Vino, *Via Santa Maria del Pianto 9 – quartiere ebraico.*
Außer in den Enotecen erhält man auch in einigen Geschäften ausschließlich Weine und Liköre. Dieses ist besonders preisgünstig und
verfügt über ein großes Angebot. Direkt daneben befindet sich das
Lebensmittelgeschäft "Diotallevi", das ebenfalls zu empfehlen ist.

Enoteca Il Coccetto, *Via dei Banchi Vecchi 14 – centro, Tel. 6564268*
Dieser Weinladen liegt in einer dunklen Gasse im Sraßengewirr um das
Campa dei Fiori. Erstklassige Weine werden in dieser etwas unheim-
lichen, aber passenden Atmosphäre verkauft.

Salumeria Ruggeri, *Piazza Farnese 1 – centro*
Mit ein paar Brötchen bewaffnet, sollte man den Laden betreten und
hier noch alles einpacken, was man für ein Picknick und einen Imbiß
braucht. Frischen Käse und frische Wurst wird der Besitzer gerne auf ihr
Brot legen und Sie mit Getränken, Yoghurt und anderen Leckereien
eindecken.

Il Forno, *Piazza Farnese 22 – centro*
Brot, Brötchen frisch aus dem Ofen und eine Riesenauswahl an Keksen
lassen die Römer hier gern einkaufen.

Galeria delle ricercatezze, *Via dei Prefetti 15 – centro*
Ein Weinhändler erster Klasse, bei dem man an der Theke alles kosten
kann. Dazu wird süßes und einfach wohlschmeckendes Gebäck gereicht.
Ein wirklicher Spezialist für Weine und Champagner. Wer den edlen
Traubensaft verschenken möchte, findet auch ansprechende, dekorative
Geschenkpackungen.

Castroni Drogheria Coloniali, *Via Cola di Rienzo 196 – Prati*
Nur "Insider" kennen diese Adresse. Einer der wenigen Läden mit wirk-
lichen Delikatessen aus aller Herren Länder. Sojafleisch, seltene Soßen,
Kaffee, Süßwaren ... alle kommen auf ihre Kosten.

Salsamenteria, *Via Cola di Rienzo 204 – Prati*
Ein Spezialist für Saucen, einfallsreiche Salate und für die Zubereitung
einfacher Gerichte. Eine Mischung zwischen Lebensmittelgeschäft und
Rosticceria. Erstklassige Ware.

Mercatino, *Via Cola di Rienzo 50 – Prati*
Bis um 13.00 Uhr findet hier ein kleiner überdachter Markt statt, auf
dem Sie frisches Obst und Gemüse preisgünstig ergattern.

Panatella, *Piazza della Cancelleria 87 – centro*
Zwischen Piazza Navonna und Campo dei Fiori liegt dieses Brotgeschäft,
mit 60 verschiedenen Brotsorten. Darüberhinaus werden 40 internationale Sorten Biere, verschiedene Salate und andere kleinere Gerichte

angeboten. Schon äußerlich verführt der Laden durch seine freundliche Ausstattung und apetitliche Auslage zum Eintreten.

Teichner, *Piazza S. Lorenzo in Lucina 17 – centro*
Ein Delikateßgeschäft mit großem Sortiment.

Aurelie, *Via del Leoncino 23 – centro*
Ein kleines Lebensmittelgeschäft mit frischem, exotischem Obst

Delucci, *Via della Croce 75 – centro*
Ein Obstgeschäft, das das ganze Jahr über Frühobst anbietet. Das erste Geschäft, das Mango und Papaya in Rom bekannt machte.

Fior Fiore, *Via della Croce 8 – centro*
Hausgemachte Pasta ist nicht billig, dafür aber eine wahre Spezialität. Wer sie als Mitbringsel nachhause nehmen möchte, sollte sie so spät wie möglich kaufen, denn je frischer desto besser ist sie.

Ricercatezze Ali mentanri, *Via Chelini 17 – Parioli*
Delikatessen aus dem In- und Ausland.

Latticini Meridionali, *Via Milano 44 – Via Nazionale*
Frische Büffelmozzarelle ist nur ein Vorschlag des erstklassigen Käsegeschäftes aus Süditalien.

Kleidung

Balloon, *Via della Caffarella 13 – Appia Antica (5120169)*
Die ganze Straße ist ein Stück China in Rom. Das Haus Nr. 13 der eleganten Starße beherbergt ein Kleidungsgeschäft mit Waren aus China. Die Seidenhemden kosten hier so viel wie anderswo normale Baumwollshirts. Hinzu kommt ein wahres Einkaufsvergnügen in einem warmen, mit Holz ausstaffierten Ladens, inmitten eines wunderschönen Gartens, das Reich einiger Katzen und Gänse.

Abbigliamento spizzichino, *Via Santa Maria del Pianto 18 - quartiere ebraico (6564315)*
Sehr preiswerte Textilien. Häufig handelt es sich um einfache Sachen und es kann nur in Großpackungen, d.h. meist in einer Bündelung von 3 Stück auf einmal gekauft werden. Dafür sind die Preise wirklich sehr niedrig. Der Einkauf hier lohnt sich für T-Shirts, Wäsche, Shirts und Hemden.

Energy, *Via del Corso 408 – centro*
Wenn Sie auf der Via del Corso auf der Höhe des Hauses Nr. 408 eine Menschenansammlung sehen, handelt es sich keineswegs um eine politische Demonstration oder Leute die irgendwelchen Straßenkünstlern zusehen. Es sind sicher wieder mal die immer originell und kunstvoll gestalteten Schaufenster des Kleidungsshops *Energy*, die die Blicke auf sich lenken. Dies aber auch nicht zuletzt aufgrund erstklassigen, modischen Waren, die für junge Leute erschwinglich bleiben. Ein Geschäft, das nur zu empfehlen ist für alle, die sich gerne modisch und etwas extravagant kleiden. 10 % Preisnachlaß für Besitzer dieses Buches.

La Bebis Noire, *Via del Boschetto 94 – Via Cavour*
Kleines interessantes Geschäft für handgewebte Schals, Jacken, Pullover, Ponchos, Capes und Taschen.

Dakota, *Via del Seminario 111 – centro*
Eine Art Porta Portese erster Hand und Geheimtip der Jugendlichen; außergewöhnliche Kleidung zu Tiefpreisen.

Radiocini, *Via del Corso 139 – centro*
Nicht unbedingt jedermanns Geschmack, aber unbestreitbar elegant: Sehr interessante klassische Herrenmode mit Spazierstöcken, Seiden-

morgenmäntel. Die Seidenschals zum Morgenmantel erinnern an gute alte Zeiten.

Giusti, *Piazza Fontana di Trevi 91 – Trevi*
Ein sportliches Bekleidungsgeschäft mit oft wechselnden, interessanten Angeboten.

Macallé, *Via dei Crociferi 30 – Trevi*
Ein kleines Geschäft, das Kleider mit viel Spitzen, Tüll und Pailetten verkauft. Oft wirken sie schon fast überladen. In der Via delle Croce gibt es eine Filiale, in der Lederkleider, ein bißchen "osé", verkauft werden.

Soleiado, *Via dell'Oca 38 – centro*
Ein provenzialisches Geschäft mit den typischen Stoffen dieser Gegend.

Bomba de Clerq, *Via dell'Oca 39 – centro*
Alle Pullover sind Handarbeit, manche sind richtige Kunstwerke und viel zu schade zum Tragen, so fantasievoll und farbenprächtig sind sie gestaltet.

Benetton, *Via Frattina und Piazza Colonna – centro*
Die Waren von Benetton sind in Italien sehr viel preisgünstiger als bei uns; besonders zum Sommer- bzw. Winterschlußverkauf überraschen sie immer wieder mit ihren Angeboten.

Bavaresco, *Via po 35 – Salario*
Ein seltsamer Ort, an dem Sie Hüte jeder Art, Form und Größe leihen können.

Naj Oleari, *San Giacomo 25 – centro*
Für die Jüngeren und Kinder, aber auch für diejenigen, die es sanft mögen: Kleider in Pastellfarben und verspielten Motiven, aber immer sehr geschmackvoll.

Fiorucci, *Via Nazionale 236 – centro*
Auch längst nicht so teuer wie zuhause sind die aktuellen und farbenfrohe Moden von Fiorucci.

Successo, *Via Ottaviano 26 – Trionfale*
Modische Kleider zu günstigen Preisen. Manchmal ausgeflippt und manchmal fast schon bieder. Mit etwas Glück findet man aber schöne Einzelstücke.

Boutique, *Via Monte Farina – centro*

In dieser kleinen Gasse, die von der Einkaufsstraße Via Giubbonari abgeht, liegen vier interessante Boutiquen für jeden Geschmack. Rechts kommt zuerst ein kleiner Laden mit handgearbeiteten Pullovern, oft mit Pailetten versetzt. Nicht ganz billig, aber im Vergleich zur Qualität angemessen. Direkt daneben eine Adresse für modebewußte Frauen, die auch gerne mal Ausgefallenes tragen. Direkt gegenüber liegt die größte der vier Boutiquen. Sie verkauft eher verspielte Kleider mit viel Spitzen und Tüll. Hier gibt es zuweilen auch recht häßliche Stücke. Die interessanteste Boutique, auch von den Preisen her, ist die vierte. Ein paar junge Römerinnen haben sich zusammengetan und aus lustigen Stoffen und einfachen Schnitten ihren eigenen Modestil entwickelt. Das Experiment ist geglückt, denn die Boutique konnte mittlerweile eine noch größere Filiale an der Piazza Cairoli, Ecke Via Arenula eröffnen. Weite Röcke, einfache Tops, Sommerkleider, Blusen und Hosen mit Gummizug und vieles mehr zu Minimalpreisen.

Vergine, *Via dei Giubbonari 54 – Centro*

Die richtige Adresse für junge Leute, die sich gerne modisch kleiden, aber wenig Geld ausgeben können. Wirkungsvolle Schnitte werden aus Baumwolle und anderen Stoffen zu farbenfrohen Kleidern genäht.

Moresco Uomo, *Via dei Giubbonari 79 – Centro*

Noch ein Bekleidungsgeschäft dieser kleinen romantischen Einkaufsstraße am Campo di Fiori, das sich von den anderen abhebt. Vielleicht weil der Stil etwas ungewöhnlich ist. Hier findet der eher elegante, das Klassische vorziehende Mann genau das Richtige für seinen Geschmack, ohne dabei allzusehr auf seinen Geldbeutel achten zu müssen.

Duca di Mantova, *Via Corso Emanuele II 164 – Centro*

Wir bleiben beim Klassischen für den Mann. Bei diesem Geschäft ist es eine wahre Augenweide die Schaufenster zu bewundern. Hier stimmt das Sprichwort "Kleider machen Leute", denn mit dieser Mode wird jeder zum Gentleman.

Categna, *Via Tritone 104 – Centro*

Ein mittelgroßes Geschäft mit ausgesprochen sportlicher und bequemer Kleidung. Die Schaufenstern zeigen einen guten Querschnitt der vorhandenen Modelle und der ständige Menschenauflauf davor bezeugt ihre Beliebtheit.

Bulgaro, *Via delle Convertite 22 – Centro*

Bei der Piazza San Silvestro an der Hauptpost liegt diese kleine Boutique. Nicht immer überzeugt die Auslage – wenn aber ein schönes Exemplar dabei ist, gehen Qualität und Preis Hand in Hand und erfreuen den Kunden und seinen Geldbeutel.

Actuel, *Via del Tritone 198 – Centro*

Immer neu, immer aufregend, immer preiswert: das sind die drei Gütezeichen der lustigen Mode dieser Boutique. Ein Blick ins Schaufenster lohnt sich bestimmt – sei es auch nur, um sich ein paar Anregungen zu holen.

Rudi Sporting, *Via del Tritone 221 – Centro*

Ein weiteres ein Geschäft dieser Straße, das einen Besuch lohnt, wenn man Liebhaber sportlicher und legerer Kleidung ist. Die Bedienung ist ausgesprochen nett und zuvorkommend. Sie hilft Ihnen gerne das Geeignete aus dem großen Angebot herauszufischen.

Casual Sport Hobby, *Via Candita 67 – Trionfale*

An einem anderen Ende der Stadt befindet sich mit großer Verkaufläche noch ein Bekleidungsgeschäft mit sportlichen Textilien. Modisch geschnittene, aber bequeme Modelle in allen Farben und Größen.

Wins, *Via Candita 37 – Trionfale*

Die kleine Straße, die etwas abseits der Via Cola di Rienzo, der großen Einkaufsstraße im Stadtviertel Prati liegt, verbirgt so manch schönes Geschäft. "Wins" ist eines von ihnen: modische Sommerkleidung in auffallenden Farben und Formen. Für jeden ist etwas dabei: vom ganz normalen T-Shirt bis hin zum letzten Modeschrei.

Joy, *Via Candita 37 – Trionfale*

Ein zweites Geschäft in der schon vorher erwähnten Straße, mit ähnlichem Stil. Vielleicht gerade aus dieser Konkurrenz heraus wird dem Kunden laufend neue Ware und gute Qualität garantiert. Auch im New Wave-Stil gibt es hier einiges zu entdecken.

Vania, *Via Giulio Cesare 239 – Trionfale*

Ebenfalls in der Gegend um den Largo Trionfale in der U-Bahnendstation Ottaviano befindet sich diese schöne Boutique. Gemäßigte, aber elegante und gut geschnittene Ware kennzeichnen die Auslagen. Nicht ganz preiswert, aber schicke Kleider in guter Qualität und Verarbeitung.

Abbigliamento in pelle, *Via Nazionale 16 – Centro*
in Italien sind Lederwaren oftmals wesentlich preisgünstiger als in anderen Staaten. Wer sich einen Eindruck davon verschaffen möchte, sollte dieses große Geschäft auf der Via Nazionale besuchen, er wird sicher nicht enttäuscht werden: Lederwaren aller Art von Jacken und Blousons über Mäntel und Hosen bis zu hocheleganten Lederkostümen für die Frau.

Marisa, *Via Nazionale 235 – Centro*
Ein Laden für alles und alle. Vom Plunder zum hochwertigen Abendkleid viele Angebote und ständig ein voller Laden. Eine Fundgrube für alle, die gerne kramen und wühlen, um dann ihre Beute davonzutragen.

Lory, *Via Ottaviano 80 – Prati*
Die neusten Trends, aber dennoch immer ein bißchen anders. Wer sich gerne abhebt und trotzdem auf Qualität und Aussehen achtet, ist hier genau richtig.

Argenti, *Via Cola di Rienzo 187 – Prati*
Jeans, einfache Pullis und Hemden, das sind die Artikel dieses mittelgroßen Ladens auf der bekannten Einkaufsstraße, Via Cola di Rienzo. Eher neutrale und zeitlose Kleidung und oft durch Sonderangebote attraktiv.

Kennedy, *Via Belsiana 69 – Centro*
In einer Seitenstraße zur Via Condotti liegt dieser Laden, dessen zauberhafte Modelle das Herz einer jeden elegant gekleideten Frau höherschlagen lassen. Kostüme, Kleider, Röcke und Hosen aus hochwertigen Stoffen und schicke Modelle verführen die Passanten zum Kauf.

Antiloli, *Via D. Cambero 36 – Centro*
Ein kleiner Laden ausschließlich mit hochwertigen Pullover aller Art und in allen erdenklichen Farben. Eine nette alte Dame sitzt hinter der Theke und freut sich auf Ihren Besuch. Für jung und alt zu erschwinglichen Preisen.

Immage, *Via Due Marcelli 59 – Centro*
Ein Laden für Teenager, bei fröhlicher Musik und mit großer Auswahl neuester Mode. So manche Neuerscheinung findet hier ihre erste Kundschaft.

Kinderkleidung

Virginia di Porto, *Via Santa Maria del Pianto 9 (6565005)*
- quartiere ebraico
Lustige Strampelanzüge und Kleidung für Babies sowie Nachthemden
und Intimwäsche für die Frau gibt es hier günstigst zu kaufen.

Solletico, *Piazza Re di Roma – Via Appia Nuova*
Ein Geschäft mit goldiger Kindermode für den Nachwuchs von wenigen
Tagen bis zu 12 Jahren.

Il mio pulcino, *Via della Rarmesina 30*
Ein ganz besonderes Geschäft für Babies von 0 bis 3 Jahren: in Hand-
arbeit werden alle Babykleider für festliche Anlässe, Bettdecken,
Namenszüge und Initialen fertiggestellt.

Benetton, *Piazza Colonna – centro*
Neben dem Laden für die "Großen" liegt auch der Laden für die Jüngeren, in dem ich meine Kinder jeden Tag von Kopf bis Fuß neu eindecken
würde, so niedlich sind die Sachen.

Leri, *Via del Corso 344/345 – centro*
Eine größere Ladenkette; auch mit Abteilungen für Kinderwagen,
Wiegen und Kinderbetten. Die Kleidung ist modisch und preisgünstig.
Weitere Geschäfte finden Sie in der Via Salaria 34, Piazza Colonna 359,
Piazza Balduina 2, Via Lebia 2 und Via Barberini 48.

Nickol, *Via Barberini 3/A- centro*
Spezialisiert auf Kinderschuhe für alle Anlässe.

Secondhand Shops

Per ché no? *Via dei Salumi 42 – Trastevere (5800734)*
Zwei aristokratische Damen verkaufen alles, was sie an gebrauchten
Gegenständen finden können. Zum Großteil natürlich Kleidung. Da-
runter können Sie ohne weiteres das Kleid einer früheren Diva, ältere
Tailleurs von Chanel sowie Seiden-, Brokat- und Velourkleider zu ganz
vernünftigen Preisen finden.

Cosi e se vi piace, *Via della Carozze 85 – centro*
In einer Parallelen der Via Candotti liegt dieses Geschäft mit Klamotten aus den 20er, 40er und 50er Jahren.

The Great Company, *Via XX Settembre 88a – Termini*
Secondhand Shop mit gebrauchter amerikanischer Bekleidung.

Il Serpente con gli occhiali, *Via dei Bandi Nuovi 22 – centro*
Ein witziger Laden, der nicht nur Kleidung aus zweiter Hand verkauft, sondern auch selbstgefertigten Schmuck.

Abiti usati Marcolini, *Via Plauto 16 – Prati*
Ein Secondhandshop in Reinform: Hüte aus jeder Epoche, Smoking in bestem Zustand, witzige und elegante Kleider aus den letzten Jahrzehnten.

Weitere Gebrauchtwarenläden finden Sie unter folgenden Adressen:

Frip, *Via delle Carozze 19a*
Arcobaleno, *Via Panisperna 238*
Max 14, *Via del Doschetto 14 – Via Cavour*
Anni Folli, *Via Collina 34*
Sax, *Via della Scrofa 24, Via dei Manuccini*
Piazza Campo de Fiori (einfache Kleidung)
Via del Pellegrino 76 und 167
Via del Sentori 26
Via del Governo Vecchio 35 (extravagant und teuer)
Gorilla, *Via XXIV Maggio 53* (einfache Kleidung)

Hüte, Taschen und Foulards

Fiera die Lima, *Via Giulia 187/D – centro (6879594)*
Ein südamerikanischer Handwerker leistet hier beste Arbeit: er stellt Teppiche, Hüte, Sandalen und Taschen im Stile seines Landes her. Preislich angemessen.

Tarcarelli, *Via della Cuccagna 15 – centro (659320)*
Für jeden Dandy ein Paradies. Seit 1857 existiert dieser renommierte Hutladen mit den besten Hutmarken, wie z.B. Panama.

Polidori, *Via Pie di Marmo 7 – centro (679191)*
Schicke Tücher und Taschen in einem kleinen Geschäft in der Nähe des Pantheons.

Li Cuero, *Via della Lungaretta 65*
Lederhandwerksbetrieb mit Verkauf. Bestellungen und Sonderwünsche sind herzlich willkommen.

Il Racconto, *Via Francipane*
Zeichnungen auf Leder, Keramik, Glas und Stoff, zum Teil sehr hübsche Sachen.

Schuhe

Mister Boots, *Piazza Trilussa 34 – Trastevere (5803820)*
Eins der wenigen Geschäfte in Trastevere und besonders beliebt bei Jugendlichen wegen seiner einfallsreichen, fantasievollen Angebote. Handgearbeitete Lederschuhe und Importe sowie Taschen.

Da Maria, *Via dei Pettinari 87 – Centro*
Ganz unauffällig und fast verkommen und verlassen wirkt dieses Geschäft. Das Schild über der Tür "Da Maria" ist auch heruntergefallen. Aber dennoch verbirgt sich hier ein Paradies für alle Liebhaber extravaganten Laufwerks. Tiefpreise und alle Formen und Farben, für den Abend und den Strand, für kleine und große Füße. Keine Angst vor dem Schäferhund, wenn Sie das Geschäft betreten. Er ist schon leicht gebrechlich und schaut nicht einmal auf, wenn Sie nähertreten.

Shoe Shop, *Via del tritone 59 – centro*
Ein modischer Schuhshop, durchgehend geöffnet und mit verschiedenen Filialen in der Stadt. Die anderen Geschäfte finden Sie in der *Via del Corso 147, Via Nazionale 252, Via del Corso 378 und Via Cola di Rienzo.*

Massacessi, *Via Giubbonari 32 – centro*
Hübsche Schuhe aller Art; besonders Ballerinas sind preiswert.

Young, *Piazza Fiume*
Immer mit Sonderangeboten, besonders was Sommerschuhe und Ballerinas anbelangt.

Framas, *Via Cola di Rienzo und Via Nazionale 57*
Großes Sortiment an modischen Schuhen. In den Zeiten der Schlußverkäufe besonders günstige Angebote.

Tirennia Calzature, *Via Appia Nuova 41*
Ein Schuhgeschäft mit modisch-schickem Angebot für Damen und Herren. Weitere Filialen in der Stadt in der *Via Cola di Rienzo 153, Via del Corso 177, Via Salaria 62* und *Via E. Féléberto 180.*

Scarpe Arnaldo, *Via Tritone 108 – Centro*
Italien, das Land der Schuhe. Und dieser Laden in einer der ältesten Straßen im Herzen Roms vertritt einige seiner schönsten Modelle. Für jede Jahreszeit das richtige Laufwerkzeug, geformt nach der neuesten Mode ohne seine Originalität einzubüßen.

Aran, *Via Giulio Cesare 98 – Trionfale*
Bequeme, einfache Schuhe, mit denen man sich trotzdem überall sehen lassen kann. Ständig Angebote auslaufender Modelle.

Romy Shoes, *Via Cola di Rienzo 225 – Prati*
Ein Schuhgeschäft, in dem Sie Ihr Schnäppchen schlagen. Für jeden Geschmack hält man Schuhe in -zig Varianten vorrätig, vom hochhackigen Marterinstrument zu Ballerinas, Pumps und Stiefeln. Aber auch Herren kommen auf ihre Kosten: ein breite Palette verschiedener Schuhe erwartet auch *ihn.*

Bata, *Via Nazionale 88a – Centro*
Nicht immer eine große Auswahl, dafür aber gute Qualität und unterdurchschnittliche Preise.

Anticoli, *Piazza Vittorio Emanuele II 145 – Centro*
Eine beliebte Kette von Schuhgeschäften mit drei weiteren Filialen in der Stadt. Ständig gut besucht. Die Schaufenster sind attraktive Anziehungspunkte für Passanten. Hier sind schnelle Entscheidungen gefordert, denn bevor Sie sich versehen, ist das gewünschte Paar schon ausverkauft. Die letzten Modelle einer Serie sind immer stark verbilligt und gehen weg wie warme Semmeln. Die anderen Anticoli-Läden finden Sie an folgenden Adressen: *Via Giubbonari 44 – Centro; Piazza Trevi 101 – Centro; Appia Nuova 97.*

Uhren und Schmuck

Novita Bijoux, *Via Sora 17/a – centro*
In diesem kleinen Laden gibt es das Grundmaterial zur Erstellung von Anstecknadeln, Ohrringen, Halsketten und Gürteln. Ein weiteres Geschäft dieser Art gibt es auf der Piazza del Parlamento 34.

Tempi Moderni, *Via del Governo Vecchio 108 – centro*
Ein kleiner Laden für Modeschmuck und hübschen Emaillearbeiten.

Atelier d'Horlogerie Lebrar, *Piazza del Parlamento 9 – centro*
Kleine Werkstatt: Reparatur und Verkauf antiker Uhren.

Vigilio Milana, *Vicole del Divino Honore 1 – centro*
Interessantes Geschäft für Modeschmuck, Halsketten, gebrannte Keramik und Skulpturen.

La Stelletta, *Via della Stelletta 4 – centro*
Unmöglich zu übersehen ist dieses Geschäft für Modeschmuck. Fantasievolle Ohrringe, Armbänder und Ketten lassen jedes modebewußte Mädchenherz höher schlagen. Eine Adresse für Männer also ... .

Oreficeria Il Ciottolo, *Piazza della Torretta 30 – centro*
Preiswerter Schmuck aller Art, versilbert und vergoldet.

Lo Scorpione, *Violo del Gallo 6 – centro*
Witziger Modeschmuck und Nachahmungen von Omas Broschen.

Brillen und Kontaktlinsen

Ottica Bernabei, *Via del Corso 531 – centro*
Fast am Piazza del Popolo liegt dieser Optiker mit seinem Riesenangebot an Brillengestellen, Kontaktlinsen, Sonnenbrillen und vielen Extras. Ein Augenarzt betreut und berät die Kunden. Eine weitere Filiale befindet sich in der Via S. Maria Ausiliatrice 40.
10 % Rabatt für Inhaber dieses Buches.

Ottica Margutta, *Via Margutta 31 – centro*
Durchgehend von 10 bis 20 Uhr geöffnet. Ein gut ausgestattetes Geschäft mit fachmännischer Beratung von Gianfranco Arrá.

Ottica Cal", *Piazza Risorgimento 34 – Prati*

Ein großes Geschäft auf der Piazza Risorgimento in der Nähe des Petersdom. Im ersten Teil des Geschäftes finden Sie alles rund um die Optik: Brillengestelle, Kontaktlinsen, Utensilien u.a.. Das Geschäft bietet Ihnen fachmännische Beratung und Untersuchung durch einen Facharzt. Eines der größten Sortimente an Sonnenbrillen. Im hinteren Teil des Geschäftes befindet sich ein gut sortiertes Fotogeschäft mit besonders preisgünstigen Filmen für Ihren Fotoapparat.

10 % Nachlaß für Inhaber dieses Buches.

Geschenkartikel und Einrichtung

Limentani, *Via del Portico d'Ottavia 47 – quartiere ebraico*

Seit sechs Generationen im Geschäft wird auf 2000 qm alles erdenkliche Geschirr angeboten: vom Tongefäß zum feinsten Porzellan. Nur etwas Geduld muß man mitbringen; aufgrund der vielen Kunden und zur Vermeidung von Ungerechtigkeiten, muß man eine Nummer ziehen und warten bis man aufgerufen wird. Selbst für Sandro Pertini hat der Besitzer keine Ausnahme gemacht.

Di Veroli Porcellano, *Via della Reginella 24 – quartiere ebraico*

Ein weiterer Meister für Geschirr und Porzellanartikel.

Il Pozzuolo, *Via del Pozzuolo 7 – Via Cavour*

Ein kleiner Handwerksbetrieb, der Keramik herstellt und auch Kurse anbietet.

Bella Coppia, *Via del Coronari 8 – centro*

Umgeben von Antiquitätengeschäften liegt dieser kleine Laden mit seinen handbemalten Textilien und Holzobjekte aus ganz Italien.

Galleria Akka, *Via Pie di Marmo 13 – centro*

Antike Gegenstände aus dem mittleren Osten, seltene Schmuckstücke und Türen aus indischen Tempeln füllen dieses Geschäft. Auch wenn das Geld nicht reicht, ein Rundgang in der Atmosphäre von 1001 Nacht lohnt sich.

Volpetti, *Via della Scrofa 31 – centro*
Bottega Danese, *Via della Scrofa 96*
Knoll International, *Via della Scrofa 64*
Arcon, *Via della Scrofa 64*

Vier Einrichtungshäuser in einer Straße, eines schöner als das andere. Das erste eher klassisch, das zweite mit Artikeln aus Dänemark und die letzten zwei sind moderne, einfallsreiche Einrichtungshäuser, die einen Besuch immer lohnen.

L'Imagine, *Via della Scrofa 67 – centro*

Ein moderner Posterladen, mit Rahmen, Postkarten und Postern in allen Größen und Preislagen.

Il Tucano, *Via dei Crociferi – Trevi*

In der Nähe der Fontana di Trevi liegt dieses Geschäft, das ich Ihnen auf das Wärmste empfehlen möchte. Außer zahllosen Einrichtungsgegenständen – u.a. hübsche Lampenschirme – finden Sie hier Holzspielzeug, Marionetten, Stofftiere und andere Kinderträume. Die Preise sind so niedrig, daß man an einen Irrtum der Verkäufer glaubt.

Camignani, *Via della Colonna Antonina 42 – centro*

Ein Geschäft der Pfeifenliebhaber. Der Laden hat die Atmosphäre eines englischen Clubs, so vornehm wirkt er. Er birgt aber eine der größten Pfeifensammlungen mit allem, was dazu gehört.

Tupini, *Piazza San Lorenzo in Lucina 8 – centro*

Ein Geschäft, in dem Liebhaber von Silber, Steingut, Ton und Porzellan auf ihre Kosten kommen. Modernes und wertvolles Geschirr.

Altieri, *Via del Leone 20 – centro*

Das Reich des Papiers und der getrockneten Blumen zu herrlichen Kreationen zusammengestellt.

La Chiave, *Via Sora 33 – centro*

Ein kleines Paradies für den Einkauf. Auch wenn es von außen ganz unscheinbar wirkt, verbergen sich hinter dieser Fassade drei kleine Geschäfte und eine Bar. Zwei dieser preiswerten Läden verkaufen witzige, hübsche Dinge, vielfach in Eigenarbeit hergestellt. Man wird Artikel wie Schmuck, Nippgegenstände, Geschirr und Spielzeug aus Holz, Keramik und anderen Materialien finden.
10% Nachlaß für Besitzer dieses Buches.

Pierangeli, *Via Margutta 53 – centro*
Ein erstklassiges Rahmengeschäft, das schon die berühmtesten Werke
Roms in Auftrag hatte; eine Tatsache, die sich aber nicht in den Preisen
widerspiegelt.

Groff Center, *Via del Corso 316 – centro*
Ein modernes Einrichtungshaus mit farbenfroher, jugendlicher und
exquisiter Bettwäsche sowie Handtüchern und Schlafsäcken. Daneben
preiswerte, schicke Einrichtungs- und Gebrauchsgegenstände wie Porzellan, Lampen, Gläser u.ä. In der Via Tomacelli finden Sie ein weiteres,
in der Via Cola di Rienzo das größte Geschäft. Ist Ihr Kofferraum groß
genug oder haben Sie noch Platz im Camper, so packen Sie doch ein
paar Gartenmöbel, einen Schreibtisch oder Betten und Regale in origi-
nellem Design ein.

Auf dem nächsten Campingplatz werden die Leute Augen machen,
wenn Sie erstmal Ihren Schreibtisch rausziehen.

Parfümerie

Parfümerie Sonnino, *Via della Reginella 23*
- quartiere ebraico 6879214)
Die billigste Parfümerie der ganzen Stadt! Riesenauswahl an Parfüms,
Eaux de Toilette und Kosmetikartikeln.

Materozzoli, *Piazza S. Lorenzo in Lucena 5 – centro*
Eine schöne Parfümerie, zieht sofort die Aufmerksamkeit auf sich; und
diese gehört bestimmt zu den besten Roms.

Profumeria, *Via Ferruccio – Esquilino*
Nicht erschrecken, Sie sind hier richtig: auch wenn ein großes Schild
über der Haustür auf die Parfümerie hinweist, meint man anfangs, sich
doch in der Tür geirrt zu haben. Man steht in einem dunklen Treppen-
haus, in dem das Treppengeländer groteskerweise rosa gestrichen ist.
Der Wegweiser führt den Kunden links in einen Gang bis man sich vor
einer steilen Treppe abwärts befindet. Unten dann erstreckt sich aber
schon der ganze Laden. Etwas seltsam erscheint er schon, denn außer
Eau de Toilette, Parfüm und Deos gibt es hier noch eine ganze Menge
anderen Krimskrams. Überall stehen Kisten und Kästen mit Dingen, die

man in einer Parfümerie eigentlich nicht erwart: Schulbücher, Reißverschlüsse, Landkarten, Würfel, Spiele, falscher Schmuck. Wenn man aber erst einmal angefangen hat, zu wühlen, wird man kaum mehr aufhören wollen. Noch nie habe ich jemanden diesen Laden mit leeren Händen verlassen sehen, denn die Preise laden auch wirklich dazu ein, voll zuzugreifen.

Profumeria MC, *Piazza Pontelungo 1 – Via Appia Nuova*
Die Metro hält direkt unter diesem Selbstbedienungsgeschäft mit seiner Riesenauswahl.

Piccioli, *Via Mistrangelo 28 – Aurelio*
Eher eine Drogerie – deshalb keine Parfüms, sondern Geschenkartikel, Spiegel, Kosmetikbehälter, Haarschmuck und Dekor. Es sind viele hübsche Dinge dabei, die man sich bestimmt gerne für das eigene Badezimmer wünscht.

Schreib- und Bastelwaren

La Bottega dell'Arte, *Via Palermo 65 – Via Nazionale*
In einer kleinen Gasse bei der Via Nazionale, liegt dieser Laden, der alles rund um das Hobby anbietet, sei es für Keramikbearbeitung oder das Malen eines Bildes.

Registri Buffetti, *Via Campo Marzio 68 – centro*
Eine große Schreibwarengeschäftkette mit über 40 Filialen in Rom. Hier einige Adressen: *Via Prati Fiscaldi 267 – Prati, Via Barberini 4046 – Centro, Viale Beethoven 18 – EUR, Piazzale della Radio – Trastevere*

Incisioni – Timbri – Targhe, *Via Banchi Vecchi 103 – centro*
Kunstgravierungen, Medaillien, Abzeichen, Siegel, Stempel aller Art und Größen werden hier auf Wunsch erstellt. Die Preise dafür sind in Rom viel günstiger als zu Hause.

Colutto Bagatto, *Via dei Santi Quattro 28 – centro*
Der Favorit unter den jungen Künstlern Roms, was die Materialbeschaffung angeht. Er kann sie in allen Fragen, von der Leinwand über die Farben bis zu dem Rahmen sicher und gut beraten.

L'Artistica Belli Arti, *Via del Babuino 22-24*

Einer der preiswertesten Läden für Bastel- und Malartikel: Farben, Pinsel, Leinwand, Papier in allen Arten, alles für die Graphik, die Werbeagentur, Verkauf von Letraset, Aerographen und Kompressoren.

Vertecchi, *Via della Croce 70 und 38 – centro*

Das Geschäft ist zweigeteilt in das Centro Design und das Centro Carta. Beide liegen auf derselben Höhe der Via Croce, in der Nähe der Piazza Spagna. Das Centro Design ist ein breit sortiertes Schreibwarengeschäft, in dem nichts fehlt. Hier gibt es eine der wenigen Möglichkeiten auch samstagnachmittags zu fotokopieren. Das Centro Carta verkauft Kartons, Papier, Geschenkartikel, Glückwunschkarten, Tischschmuck u.ä. Eine weitere Filiale des Centro Design finden Sie in der Via Pietro da Costoma 18 – Flaminio, und das Centro carta gibt es noch mal in der Via Attilio Regolo 12 f – Prati.

Altieri, *Via del Leone 20 – centro*

Mehr als ein Schreibwarengeschäft. Der Spezialist auf dem Gebiet des Papieres. Hübsche Kartons, Geschenkartikel, Tischschmuck neben den üblichen Verkaufsgegenständen eines großen Schreibwarengeschäftes.

Spielwaren

Il Sogno, *Piazza Navonna 53 – centro (6564198)*

Ein riesiges Stofftiergeschäft, dessen Tiere zum Teil lebensecht wirken. Die Schaufenster sind oft mit riesigen Stoffelefanten oder Giraffen bestückt, die man nicht mehr bezahlen kann. Das Geschäft bleibt im Sommer bis spät abends geöffnet.

Modellismo, *Via Puglie 7 – Ludovisi*

Geschäft und Werkstatt für Modellschiffe, Flugzeuge aller Art, Militärautos für Sammler sowie Puzzles.

Mondo Aertico, *Via dei Pianellari – centro*

Ein goldiges Geschäft mit Marionetten, Kasperlepuppen und kleinen Theatern. Nicht nur für Kinder geeignet.

Iraci Sport, *Via Lola di Rienzo 147 – Prati*
Ein Sportgeschäft mit guter Ware; für die Jüngeren gibt es ein Iraci Junior in der Via Virgilio 1/b.

Galleria 900, *Piazza Ruggiero di Sicilia 4 – Nomentano*
In der Nähe der Piazza Bologna liegt dieser große Laden, der nicht nur alles, was ein Kinderherz erfreut, verkauft, sondern auch Geschenkartikel, Porzellan und kleine Einrichtungsgegenstände.

Hifi, Schallplatten und Kassetten

Ricordi, *Via Cesare Battisti 12 – centro*
Fast an der Piazza Venezia liegt dieser große Schallplattenladen für Musik, Hifi, Kassetten, Musikinstrumente und auch einem kleinen "Antiquariat", d.h. eine Dokumentation über die letzten Jahrzehnte im Bereich der Musik. Eine weitere Filiale, ebenso groß, finden Sie in der Via Giulio Cesare – Prati und Via del Corso 506.

Telemercato, *Corso Vittorio Emanuele 219 – centro*
Verkauf von TV-Geräten, Videos, Hifi, Radio und Filmkameras.

Stereo Sound, *Via della Minerva 9-10 – centro*
Das Plattengeschäft am Pantheon, große Auswahl, Compact Disc und klassische Musik.

Discoteca Laziale, *Via Mamiani 62/a – Esquilino*
Verkauf in Groß- und Einzelpackungen. Zeichnet sich durch günstige Preise aus.

Best Record, *Via del Fiume 1/a – centro*
Bei der Piazza del Popolo liegt dieses große Schallplattengeschäft, das noch zwei andere Filialen in Rom unterhält. Hifi- und Videogeräte können hier auch erstanden werden.

Disco Boom, *Via del Tritone 39/40 – centro*
Große Auswahl an Schallplatten, Kassetten und CDs sowie Videokassetten.

R. & G. Video, *Via Parenzo 26 – Africano*
Verkauf und Vermietung von Videokassetten.

Intermarket, *Via Nomentana 156*
Große Verkaufsfläche, Vorführung von Video- und TV-Geräten, Hifi, Radios und Videokassetten. Ratenzahlung auch im Ausland ist möglich.

Millerecords, *Via dei Mille 41 – Esquilino*
Klassik, Jazz, Rock und verschiedene Importe aus der ganzen Welt, spezialisiert auf seltene Schallplatten jeder Musikrichtung; all das bietet dieser große Musikladen in der Nähe des Hauptbahnhofes. Auch Versandhandel.

Foto, Film und Video

Foto Uno, *Corso Vittorio Emanuele 227*
In Rom gibt es einige Fotoentwicklungsläden, die mit Hilfe der neuesten Techniken Ihre Urlaubsbilder innerhalb einer Stunde fertigstellen. Die Qualität steht den traditionellen Verfahren in nichts nach und die Preise sind niedrig. Das Foto kostet um die 50 Lire. Dieses Geschäft gehört zu den empfehlenswerteren. Für unsere Leser 15% Nachlaß.

QSS, *Via del Masherino 16 – Prati*
Während Sie noch den Petersdom besichtigen, entwickelt der Quick Service innerhalb einer Stunde Ihre Fotos in guter Qualität und zu günstigen Preisen.

Alinari, *Via d'Alibert 16/17 – centro*
Ein bekanntes Fotoarchiv für schwarz-weiß Bilder mit über 6.000 Fotografien.

Supermarket della Fotografia, *Via Tacito 90/a – Prati*
Großer Laden mit allem erdenklichen Zubehör und Material rund um das Fotografieren. Günstige Preise.

Agfa, *Via Sambuca Pistoiese 56 – Salario*
Ein großes Geschäft mit Fotomaterial, Fotoapparaten und Zubehör für Amateure und Professionelle der Firma Agfa.

Secolo & Fortuna, *Via Cavour 219*
Fotomaterial, auch für die Filmkamera. Foto- und Filmapparate, fachliche Beratung und netten Kundendienst finden Sie in diesem Geschäft.

Speed Color, *Via Crescenzio 69/a − Prati*
Direkt neben der U-Bahnhaltestelle Lepanto liegt dieser Fotoladen, der auch Ihre Dias innerhalb kürzester Zeit entwickelt. Die Preise stehen in einem guten Verhältnis zur Qualität.

Puntoreflex, *Lungotevere dei Fiorentini 4 − centro*
Verkauf auch von gebrauchten Apparaten, für die auch noch Garantie übernommen wird. Innerhalb von 24 Stunden wird Ihr Film entwickelt, zu wirklich günstigen Preisen.

Ottica Cal", *Piazza Risorgimento 34 − Prati*
Ein großes Geschäft auf der Piazza Risorgimento in der Nähe vom Petersdom. Im ersten Teil des Geschäftes finden Sie alles rund um die Optik, sowie ein großes Sortiment an Sonnenbrillen. Der hintere Teil des Ladens beherbergt eine gut sortierte Fotoabteilung. Fotoapparate, Videokameras, Filme und aller möglicher Zubehör; preiswert und gut. 10% Rabatt für Besitzer dieses Buches.

Elektronik und Computer

Olivetti mechilli, *Via Conteverde 15 − Esquilino*
Schreibmaschinen und Zubehör von Olivetti werden hier angeboten. Eine fachmännische Beratung erfolgt kostenlos. Eine weitere Filiale befindet sich in der Via Tuscolana 238.

Radio Elettrica Romana, *Piazza Ippolieto Nievo 32/36 − Trastevere*
Auf der Viale Trastevere liegt dieser große Elektroladen, der alles für die Beleuchtung sowie elektrische Haushaltsgeräte, Telefon- und Videozubehör verkauft.

Sintesi, *Piazzale degli Eroi 22 − Balduina*
Haushaltsgeräte aller Art, vom Herd bis zum Eisschrank, Fernseher und Videogerät.

Computertime S.r.l., *Viale Parioli 25 − Parioli*
Ein großer Computerladen mit verschiedenen Firmenvertretungen, Einführungskurse finden regelmäßig statt. Das Geschäft gehört dem Apple Center an, eine Vereinigung einiger Computergeschäfte in der

Stadt. Sollten Sie das Gewünschte nicht finden, wird man Sie sicherlich an eines der anderen Geschäfte verweisen können.

RPS, *Via Chiusi 60 – Monte Sacro*
Hier finden Sie alles, was zum Computer dazugehört: Floppies, Magnetbänder, elektronisches Material, Tische für das Terminal und vieles mehr.

Ferramenta Candia, *Via Candia 2/a – Balduina*
In fünf große Bereiche ist dieses Geschäft unterteilt: Ferramenta, Utensileria, Idraulica, Casalinghi, und Giardinaggio. Im Ferramenta gibt es Schlüssel, Farben, Türklinken, Mörtel und Glühbirnen. In der Utensileria werden Sie alles finden, was weitläufig mit Werkzeug zu tun hat, in der Idraulica geht es um Haus und Küche. Im Casalinghi werden Haushaltsgeräte verkauft, und im Giardinaggio alles für den Garten.

Ferramenta Ravenna, *Via Ravenna 39-47 – Nomentano*
Ein weiterer Laden, in dem man alles finden kann, sogar Tapeten, Putzmittel, Teppichböden, einen Schlüsseldienst und Geschenkartikel.

Ungewöhnliches

MMB Billiardi, *Via E. Filiberto 66 – Esquilino*
Alles rund um das Billiardspiel, vom Queue bis zum Billiardtisch.

La Bottega degli zaini, *Via dei Banchi Vecchi 125 – centro*
Eine alte Werkstatt für Masken und Marionetten. Wer nichts kaufen will, kann den Handwerkern auch ruhig bei der Arbeit zusehen.

Soligo, *Via del Babuino 161 – centro*
Ein wahres Paradies für militärgeschichtlich Interessierte. Militärsammlungen, Drucke und antike Schießeisen sowie andere Werkzeuge zum Hauen, Säbeln, Stechen und Prügeln aus allen Epochen.

Laboratorio Luiteria, *Via Riccardo Grazioli Lante 62 – Prati*
Reparatur und Herstellung von Saiteninstrumenten.

Curiosita e Magia, *Via in Aquiro 70 – centro*
Vor der Auslage dieses Geschäftes muß ich immer eine Weile stehen bleiben. Hier werden alte Utensilien für Zauberer und Taschenspieler

verkauft, seltsame Spielzeuge aus vergangenen Jahrhunderten – eine Reihe merkwürdiger, ulkige Gegenstände regen die Fantasie eines jeden an, sich auch in der Zauberkunst zu versuchen. Leider sind die Preise sehr hoch und man müßte wirklich manchmal zaubern können, um etwa eine Null auf den Preisschildern wegzukriegen.

Berloni, *Via S. Agostino 5 – centro*
Ein etwas unheimlicher Laden spezialisiert auf Ausstopfung und Konservierung von Tieren in lebensechter Haltung. Also, wenn den Bello mal das Zeitliche segnet – nix wie hin!

Aldo Fefé, *Via della Stelletta 21 – centro*
Einen interessanten Beruf hat der Besitzer dieses Ladens. Er bindet Bücher und Hefte noch nach der alten Art und Weise, wie sie zu Zeiten unserer Väter in den Schulen benutzt wurden. Wollen Sie Ihre Grimms Märchen, die Sie als Kind so wunderbar zerfleddert und zerbissen hatten, reparieren lassen, so bringen Sie doch die Reste mit.

Galleria del Francobollo, *Via Nazionale 204 – centro*
Eine wahre Fundgrube für Briefmarkensammler und -liebhaber. Alle erdenklichen Marken aus dem In- und Ausland.

Programmvorschläge

Hier nun einige Sehenswürdigkeiten oder Programmvorschläge, die Sie wohl auch kaum in Ihrem Reiseführer finden werden:

Das unbekannte Rom

Viele Sehenswürdigkeiten werden in den Reiseführern nur gestreift – wenn überhaupt – entweder da sie es nicht für wert befunden wurden in Gesellschaft des Kolosseums und Sankt Peters zu stehen, oder aber weil es sich nicht um Altertümer der Stadt handelt, sondern vielmehr um liebenswerte Eigenheiten. Lesen Sie selbst:

Was bedeutet EUR?

Die Kurzform EUR bezeichnet heute das von Mussolini erbaute und somit modernste Stadtviertel der Stadt. Dort sind alle Regierungsgebäude und Konferenzsäle untergebracht. "EUR" steht im allgemeinen für " Quartiére Europa". Das ist allerdings nicht korrekt, da Mussolini ihm 1942 eigentlich den Namen "Esposizione Universale di Roma" gab, anläßlich einer geplanten Ausstellung, die aber aufgrund des Kriegsausbruchs nicht mehr stattfand, ihr aber so die Entstehung dieses Viertels zu verdanken hat.

Zwei besondere Besuchsgelegenheiten im März

Klöster und Patrizierplätze werden im allgemeinen vor dem Fremdenverkehr geheimgehalten. Nur zu besonderen Anlässen öffnen sie ihre Tore. Zwei dieser Gelegenheiten liegen im März:

9. März:
ausnahmsweise kann man das Kloster "Tor di Specchi" in Via del Theatro di Marcello besichtigen. Einen Tag schweigen die strengen Klausurregeln und man bekommt Einblick in die Räume, in die sich die Frau des adligen Ponziani "Ceccolella" zurückzog.

16. März:

Die Kirche "Santissima Annunziate" ist normalerweise teilweise durch den Eingang in der Via del Theatro di Marcello zu besichtigen. Am 16. März 1583 verrichtete Filippo Neri in der über der Kirche gelegenen Kapelle ein Wunder, indem er einen Jüngling zum Leben erweckte. An diesem Tag in jedem Jahr ist die Kapelle über dem Eingang im "Palazzo Massimo alle Colonne", im 2. Stock, Corso Vittorio Emanuele, zu besichtigen.

"Via del Corso", warum?

In der Antike gab man der bedeutendsten Straße Roms den Namen "Via Flaminia", im Mittelalter "Via Lata". Das bedeutete "breite Straße", da sie eben breiter war als die engen Gassen im Zentrum. Erst in der zweiten Hälfte des 15. Jahrhunderts begann man sie "Corso" zu nennen. Sie wurde umbenannt, nachdem Papst Paul II im Jahre 1466 die größten Karnevalsveranstaltungen von ihrem vorherigen Sitz, den Wiesengründen zu Füßen des Monte Testaccio, verlegte. Meist ging es bei den Veranstaltungen um irgendwelche Wettrennen. Alle nahmen während des Karnevals in Rom an diesen Läufen teil: die Jungen, die Alten, die Juden, die "leichten Mädchen",- und schließlich auch die Pferde, und zwar eine ganz besondere Rasse, die Berberosse, die auf den maremmanischen Weiden gezüchtet wurden. Der Name "Corso" wurde sehr schnell in Italien und im Ausland zum Inbegriff der wichtigen Stadtstraße und bedeutete ganz allgemein "Straße" oder "Allee". Die Entwicklung war die gleiche, wie für die "boulevards" in Frankreich und den "Ring" in Deutschland. Ein halbes Jahrhundert lang wurde der Corso in Rom nach dem 2. italienischen König "Corso Umberto" genannt. Die heutige Bezeichnung "Via del Corso" erinnert an die ursprüngliche Bedeutung des Namens, an die Wettrennen "corse", die heutzutage auf die dafür geschaffenen Pferderennbahnen verlegt sind.

Das goldene Glied

Das ist besonders für Jugendliche eine amüsante "Sehenswürdigkeit". Auf der Piazza del Popolo steht, von der Porta Flaminia aus betrachtet, rechts etwas erhöht eine männliche Statue. Da die Zeiten bei seiner Entstehung wohl recht keusch waren, fehlt das eigentlich männliche Attribut. Fährt oder spaziert man nun abends einmal von dort kommend an der Statue vorbei, wird das Licht der Straßenlaterne dahinter zwischen den Oberschenkeln der Statue ein goldleuchtendes Glied zeigen.

Unterirdische Basilika der Porta Maggiore

Sie ist eine der sonderbarsten und unbekanntesten Sehenswürdigkeiten Roms. Um sie zu besichtigen, benötigt man eine Genehmigung, die man ohne Schwierigkeiten bei der "Archäologischen Soprintendenza", am Piazza delle Finanze 1 erhält. Die Basilika wurde unterirdisch am Anfang des 1. Jahrhunderts gebaut, wahrscheinlich als Versammlungsplatz der Neopitagorici, einer Sekte, von der man aber fast gar nichts weiß. Nach wenigen Jahren wurde die Basilika von den kaiserlichen Behörden geschlossen und blieb unbenutzt. Sie wurde zufällig am Anfang dieses Jahrhunderts entdeckt.

Unterirdische Nekropolis von St. Peter

Auch in diesem Fall braucht man eine Erlaubnis, die man gegen eine kleine Geldspende an die "Reverenda Fabbrica di S. Pietro" im Vatikan (Eingang auf der linken Seite, wenn man vor der Basilika steht) erhält. In diesen Katakomben wurde nach dem Martyrium Petrus begraben. Sie befindet sich tief unter der Erde gerade unter dem Mittelschiff der Basilika. In das bisher ausgegrabene Stück führt eine kleine Gasse zwischen Gräbern mit vielen Fresken, Reliefs, Urnen und Sarkophagen.

Ein sonderbarer Stadtplan

In dem römischen Saal der Biblioteca Nazionale Centrale (castro Pretorio) bedeckt er eine ganze Wand und zeigt die Stadt im Jahr 1600. Man sieht darauf alle Einzelheiten: Häuser, Denkmäler, Villen, Straßen, Gärten. Es ist die fotografische Vergrößerung eines Stiches des 17. Jahrhunderts.

Ein Reliefmodell des kaiserlichen Roms

Kann man in dem "Museo della Civiltá Romana" im EUR besichtigen. Im Maßstab von 1 zu 250 zeigt es Rom auf dem Höhepunkt des kaiserlichen Glanzes, auf der Grundlage der Forma Urbis, den Ausgrabungen und bestehenden Denkmälern. Es kann interessant sein, diesen mit dem zuvor genannten Stadtplan zu vergleichen.

Der frevelhafte Stein

In der Kirche der Heiligen Vito und Modesto, in Via Carlo Alberto, ist eine Marmorplatte eingemauert, worauf einige Heilige des frühen Christentums gestorben sind. Der Stein ist zerschabt und abgenutzt wegen der vielen Gläubigen, die versuchten, ein Pulver als Wunderheilmittel daraus zu gewinnen.

Das historische Zimmer von S. Giovanni Decollato

In Via S. Giovanni Decollatto befindet sich die gleichnamige Kirche, die früher der "Arciconfraternita della Misericordia" gehörte. Letztere stand den Hingerichteten bei. In diesem Zimmer ist alles aufgehoben, was man benötigt, um die Verurteilten legal um die Ecke zu bringen: die Messer, um die Stränge der Erhängten zu zerschneiden, die Körbe, um die Köpfe der Enthaupteten aufzunehmen, Papier und Tintenfässer, um den letzten Willen aufzuschreiben, die Laternen, um den armen Seelen während der letzten Nacht heimzuleuchten usw.

Spaziergang: Santa Maria in Cosmedin,
Orangengarten und Villa dei Cavaliere di Malte:

Der einzige Rundgang, den ich Ihnen vorschlagen möchte, denn er führt an zahlreichen zauberhaften Plätzen vorbei, zu denen man nur in den seltensten Fällen gelangt. Der Spaziergang beginnt bei einer der sieben Hauptkirchen Santa Maria in Cosmedin. Sie ist die ungewöhnlichste von allen, vielleicht auch die reizvollste. In ihrer Vorhalle steht die berühmte "bocca della veritá": hegte ein Ehemann Zweifel an der Treue seiner Frau, so mußte diese ihre Hand in den Mund des kreisrunden, aus Stein gemeißelten Gesichts stecken. War sie schuldig, so "biß" der "Wahrheitsmund" ihre Hand ab. Tatsächlich stand ein Henker hinter der Steinplatte und je nach gefälltem Urteil eines hinzugezogenen Richters hieb er die Hand ab oder nicht. Es geht auch heute noch von dem Gesicht ein etwas zweideutiges Lächeln aus, und viele Touristinnen wurden gesichtet, die sich zierten, ihre Hand in den Mund zu stecken ... Die Kirche ist im Gegensatz zu den meisten anderen in Rom im reinen Barockstil erbaut. Sie ist klein, kaum noch als Kirche genutzt, es geht aber etwas Anheimelndes von ihr aus. Im Untergeschoß befindet sich die ursprüngliche Kapelle, die auf der Kirche im 6. Jahrhundert erstmals erbaut wurde. Im Nebenraum hängt ein Mosaik ebenfalls aus dem 6. Jahrhundert.

Verläßt man nun wieder die Kirche und biegt links in die Via D. Greca ein, so gelangt man nach wenigen Schritten zum Circo Massimo. Man befindet sich jetzt in der Talebene zwischen den Hügeln Palatin und Aventin mit einem herrlichen Blick auf die Caracallathermen.

Unser Spaziergang soll uns auf den Aventin führen. Dafür überqueren wir die Straße und folgen den Hinweisschildern "S. Saina", dem Clivo dei Publici. Rechts an der Straße, hinter hohen Mauern, liegen die schönsten Gärten. Einer von ihnen ist der Öffentlichkeit zugänglich, man nennt ihn "Il giardino degli aranci", den Orangengarten, da viele Orangenbäumchen in ihm stehen. Oft finden hier kleinere Theaterstücke oder Konzerte statt; tagsüber ist der Garten eine Oase für Mütter mit Kindern. Vom Aussichtsplateau genießt man eine herrliche Aussicht über die Stadt in Richtung Trastevere, San Pietro und Centro. Der Garten liegt direkt neben der sehenswerten Kirche Santa Sabina, zwischen 422 und 432 erbaut. Die Kirche hat als einzige der Stadt eine Taufquelle. Geht man noch ein Stück weiter, so endet die Straße in einer scharfen Linkskurve. An der Ecke steht wieder eine bemerkenswerte Kirche. Doch bevor wir weitergehen, sollten wir einen Moment anhalten und einen Blick durch das Schlüsselloch der Villa dei Cavalieri di Malta wagen. Das eiserne Tor befindet sich noch rechts vor der Kurve. Die Bewohner sind es beim Öffnen des Tores durchaus gewöhnt, gebückte Touristen in Späherposition zu finden. Der Ausblick ist aber auch zauberhaft: Durch das runde Loch entdeckt man einen von Bäumen gesäumten weißen Kiesweg, der direkt auf der Kuppel vom Petersdom zu enden scheint. Wer noch nicht zu müde ist, kann nun die Straße weiter verfolgend, den Abstieg antreten. Der Aventin ist eine vornehme Villengegend, wie die Paläste und Gärten längs der Straße bezeugen. Man kommt an der Balletakademie vorbei. Die Straße endet auf der Via Marmorata, wenige Schritte von der Porta S. Paolo, wo man den protestantischen Friedhof und die Pyramide besichtigen kann.

Ausflüge in die Umgebung

Manchmal muß man ganz einfach mal raus aus der Stadt: frische Luft einatmen und viel Grün sehen. Es kann sehr schön sein, einfach aufs Geradewohl loszufahren, denn die bekannte "campagna romana" mit ihren Schafen und sanften Hügeln ist fast überall reizvoll. Wer lieber ans Meer möchte, hat auch nur die Qual der Wahl, welchen Strand er bevorzugt. Hier seien nur einige der besonders zu empfehlenden Orte in der Umgebung genannt.

Am Meer

Fregene:
Der Strand der reichen Italiener, am besten mit dem Bus ab Lepanto zu erreichen

Sperlonga:
Ein romatischer Ort auf einer steil abfallenden Halbinsel, ca. 80 km südlich.

Castelli romani (Frascati, Marino, Rocca di Papa, Grotta ferrata)
Bekannt für ihre Weine. Sie weisen oft mittelalterliche Stadtkerne auf und besitzen alle ihr eigenes Schloß, das Castello. Der bedeutendste dieser Orte ist Frascati. Sie sind gut mit Zügen und Bussen zu erreichen.

Seen

Lago di Bracciano;
auch am besten mit dem Bus von Lepanto oder mit dem Zug zu erreichen. Gelegenheiten zum Baden und Besichtigung des Castello der Familie Orsini aus dem 15. Jahrhundert in Bracciano selbst.

Lago di Albano;
der Hauptort am See ist Castel Gandolfo, wo die ehemalige Sommerresidenz der Päpste zu besichtigen ist.

Im Lande

Ostia Antica;
zwischen Rom und Ostia gelegen, erreicht man schnell mit dem Zug. Die Ausgrabungsstätte ist von 9.00 Uhr bis eine Stunde vor Sonnenuntergang geöffnet, Montag ist Ruhetag.

Tivoli
Über die Via Tiburtina auch mit dem Bus vom Hauptbahnhof aus gut zu erreichen. Zu besichtigen lohnt sich die Villa d'Este mit ihren vielen Brunnen und die Villa Gregoriana, ein großer Park mit Wasserfällen. Etwas außerhalb der Stadt, aber unbedingt zu empfehlen, liegt die Villa

Adriana. Ein romantisch angelegter Palast des Kaisers, dessen Ruinen heute noch beeindrucken.

Therme di Ficoncella
Ein herrliches Badevergnügen bietet diese kaum genutzte kleine Thermenanlage. Sie liegt etwa 50 km von Rom entfernt, in einem Vorort von Civitavecchia. Verläßt man die Autobahn an der Ausfahrt "Civitavecchia Nord", hält sich links, um sofort wieder rechts in eine kleine asphaltierte Feldstraße abzubiegen, so führt diese nach einigen Kilometern zu einer antiken Schwefelsäuretherme mit drei Becken und Dusche. Oberhalb der Stadt im Schein des Mondes kann man hier in das 40' C heiße Wasser tauchen und sich der wohltuenden Wirkung hingeben. Man muß ein Badekostüm tragen, Handtücher und Bademäntel sind auch mitzubringen, da die Becken völlig isoliert daliegen.

Sport und Spielmöglichkeiten

Wer nicht weiß, wo und wie, wird sich schwertun, an die Sport- und Spielmöglichkeiten der Stadt heranzukommen, da sie nur in sehr geringer Zahl vorhanden sind und wenig beworben werden. Ist man kein Mitglied eines Vereins, so hat man zudem kaum die Möglichkeit, die Anlagen zu nutzen. Es gibt in Rom zwei große Sportstätten: das Foro Italico, von Mussolini erbaut, und das ebenfalls aus dieser Zeit stammende "Centro Sportivo" im EUR. Die Sportmöglichkeiten in diesen Anlagen sind auch für Touristen zugänglich. Das Foro Italico besteht aus dem großen Olympiastadion, in dem 1990 die Fußballweltmeisterschaft stattfinden wird, einem kleineren Stadion, dem "Stadio Marmorato" mit seinen 60 Steinstatuen. Tennisanlagen sowie einem Frei- und Hallenbad. Von August bis Oktober finden hier die "100 giorni dello sport" statt, eine Veranstaltung, die allen ermöglichen soll, sich während der 100 Tage kostenlos sportlich zu betätigen. Angeboten werden alle Ballspiele sowie Bowling, Boule, Alpinismus, Ski-, Konditionstraining, Rollschuhfahren und Eislaufen. Die Anlagen sind bis spät abends geöffnet.

Das Sportzentrum EUR bietet im "palazzo dello sport", im Hallen- und Freibad, das schön von Rosenbeeten umgeben ist und daher auch seinen Namen "Piscina della Rose" trägt und der Anlage "Tre Fontane" ebenfalls viele Sportmöglichkeiten.

Bowling

Das ist ein beliebter Sport für die römische Jugend, die besonders sonntagnachmittags in Scharen auf den Bowlingbahnen Einzug hält.

Bowling Brunswick *ungotervere dell'Acqua Acetosa (3966696)*

Bowling Roma, *Via Regina Margerita 181 (861184)*

Aeroclub Roma, *Via Salaria 825 (8105952)*
Der Club bietet Kurse für Flug und Segelflug, Fallschirmspringen und Flugmodellbau an.

Reiten

Wer auch während seines Aufenthalts in Rom reiten möchte, wird auf einige Schwierigkeiten stoßen, da es ohne Vereinszugehörigkeit kaum gelingt, an ein Pferd heranzukommen. Informieren kann man sich in der Villa Borghese, Via del Galoppatoio 23 (3606797). Am besten bringen Sie nächstes Mal Ihr Hippo mit.

Body Building

Gym Time, *Via Ruffini 2 – Prati (3595067)*

American Health Club, *Via Barberini 36 (483607)*

Body Shop, *Viale Parioli 162 (875049)*

Tanzen

Es gibt viele Tanz- und Balletschulen, die auch zweimonatige Kurse anbieten. Leider sind die Schulen alle sehr teuer, da man eine einmalige Einschreibgebühr und monatliche Beiträge leisten muß:

Insiene per fare, *894006) Piazza Rocciamelone 9 – Monte Sacro*

Wilson Dance Center, *Via Salaria 222 – Prati*
8.000 Lire pro Stunde.

Scuola di Walter Santinelli, *(383729) Viale Medaglie*
d'Oro 39 – Balduina
Kostenbeispiel: Tangokurs zweimal die Woche kostet monatlich 50.000
Lire.

Scuola di Luciano Santinelli, *(8389831) Via Gadames 5*
6.000 Lire pro Stunde.

Spiele

Pferderennbahn der Capanelle

Die römische Galopprennbahn liegt an der Via Appia Kilometer 12.
Sonntags, wenn die Rennen stattfinden, treffen von überall ganze Familien auf der Rennbahn ein. Frau und Kinder genießen den Sonnenschein
und die prickelnde Atmosphäre, auf dem Spielplatz, in den Restaurants
oder auf der Zuschauertribüne. Dabei haben sie ihre Männer "unter
Kontrolle", die ihr Glück beim Wetten versuchen.

Auch für diejenigen, die noch nie auf einer Pferderennbahn waren,
durchaus ein interessantes Erlebnis. Das Fieber nach dem Ausgang des
Rennens, die Wettlust, die Stimmung, der Geruch nach Pferden – all
das hinterläßt in jedem Anwesenden ein aufregendes Gefühl.

Bridge

Spielabende und Anfängerkurse bietet die "Gesellschaft der Freunde des
Bridgespiels", Viale Liegi 60 (867504) an.

Schach

Associazione Romana Scacchi, *Via Pietra Papa 96*

Academia Scacchistica romana, *Viale G. Cesare 2, Prati (360346)*

Im *Trovaroma* der Zeitung *Republica* erscheint regelmäßig ein Artikel
über die angebotenen Spielturniere und Wettbewerbe, unter der Überschrift "I giocchi della Settimana".

Bibliotheken

Viele der für Sie interessanten Bibliotheken wurden schon in dem Kapitel "Heimisches in Rom" genannt. Hier noch einige mit ausschließlich italienischer Literatur aus verschiedenen Sachbereichen.

Städtische Bücherei – Biblioteca Municipale,
Piazza dell'Orologio 3 – centro (6541040)
Öffnungszeiten: 9-13, dienstags und donnerstags auch von 15-19 Uhr. Zweigstellen in allen "circonscrizione".

Storia Moderna e Contemporanea, *Via Caetani 32 (6540624)*
Öffnungszeiten 9.-19.30 Uhr, samstags 9.-13.30 Uhr.

Nazionale Centrale, *Via Castro Pretorio (4989)*
Öffnungszeiten 9.-18.30 Uhr.

Istituto Storico Italiano, *Piazza dell'Orologio 4 (657059)*
Öffnungszeiten 9.-13.00 Uhr, montags, mittwochs und freitags auch 15.30. – 19.30 Uhr.

Istituto per Archeologia e Storia dell'Arte,
Piazza Venezia (6781167)
Öffnungszeiten 9.-20.00 Uhr.

Cabinetto Fotografico Nazionale, *Via in Miranda 5 (6795373)*

Fototeca di Architettura e Topografia dell'Italia Antica,
Via Masina 5 (5818770)
Öffnungszeiten 9.-13.00 Uhr.

Biblioteca della galeria nazionale per l'arte moderna,
Viale delle Belle Arti 131 (6542305)
Kunst vom 19. Jahrhundert bis zur Gegenwart.

Parks und Grünanlagen

Wer die ganze Zeit von Autolärm, Betonwänden, asphaltierten Straßen und Hektik umgeben ist, sehnt sich an einem bestimmten Punkt nach der Ruhe und wohltuenden Stimmung eines Parks. Das geht nicht nur den Touristen so, auch die Römer selbst flüchten sich so oft sie können in die grünen Oasen der Stadt. Man wird dort Mütter mit ihren Kindern, Studenten, strickende, lachende junge Leute, Jogger, alte Menschen, Familien, die ein Picknick machen, Rollschuhfahrer und den erfolgreichen Geschäftsmann antreffen. Rom ist trotz seiner Größe und südlichen Lage eine durchaus grüne Stadt. Viele ehemalige Gärten, die einst zu den größten Villen Roms gehörten, sind heute der Öffentlichkeit zugänglich, und gerade in diesen hübsch angelegten, aber nicht zu weitläufigen Parks, ist es am schönsten.

Villa Ada – *Via Salaria.*
Ein großer Park in Rom mit weiten Rasenflächen, der einst zur Privatresidenz von Viktor Emanuele II gehörte.

Villa Doria Pamphili – *Via Olimpica.*
Würde die große Via Olimpica nicht den Park durchqueren, wäre dies sicherlich der schönste in Rom. Die Bepflanzung ist abwechslungsreich, vom Mischwald über die Pinienhügellandschaft bis zur sumpfigen Bachgegend. An einem See gibt es riesige Wasserratten. Man findet ganz bestimmt ein einsames Plätzchen, da außer der einen Straße nur wenige Pfade vorhanden sind und man sich in dem weitläufigen Park sein Lieblingsplätzchen suchen kann.

Villa Borghese – *centro*
Wer kennt sie nicht oder hat noch nicht von ihr gehört. Kein herkömmlicher Park, sondern viele kleine Gärten, getrennt durch breite asphaltierte Straßen, auf denen auch Busse verkehren. Die verschiedenen Ämter und Institute innerhalb der Anlage führen auch Leute mit Eile und Hektik in den Park, so daß es schwer ist, einen ruhigen Platz zu finden. An die Villa grenzt der kleine Zoo von Rom, der jetzt aber auch aufgelöst oder verlegt werden soll, da er den Tieren zu wenig Platz bietet. Der Pincio ist der künstlerisch angelegte Teil des Parks. Außerdem gibt es noch die Galopprennbahn, den "Lago dei innamorati", der See der Verliebten, die Villa, das moderne Kunstmuseum, die Fakultät

für Architekten, das Casino und Piazza di Siena. Auch das etruskische Museum in der herrlichen Villa Giulia schließt sich an den Park an.

Villa Glori – *Parioli*
Ein kleiner Park auf einem Hügel. Auf dem höchsten Punkt steht ein Altar, auf dem die Brüder Cairoli geopfert wurden.

Villa Torlonia – *Via Nomentana*
Unter der Erde erstrecken sich etwa 9 km lang die jüdischen Katakomben aus dem 2.-3. Jahrhundert. Wunderschöne Palmen und andere Gewächse umgeben einen neoklassischen Komplex.

Giardino degli aranci – *Via Santo Sabino*
Klein, aber fein. Auf dem Aventin liegt dieser Garten, in dem unzählige Orangenbäumchen stehen und von dem man einen herrlichen Blick über Rom genießt. Weitere kleine Gärten schließen sich an.

Therme di Caracalla – *Via*
Kein Park im eigentlichen Sinn, aber in den Ruinen der ehemaligen Badeanstalt kann man frei herumgehen und da sich selbst wenige Touristen, geschweige denn Römer hierhin verirren, findet man bestimmt ein einsames Plätzchen.

Gianicolo – *Trastevere*
Das ist der Berg, der sich hinter dem Stadtteil Trastevere erhebt. Aufgrund seiner historischen Bedeutung ist auch dieser Park von asphaltierten Straßen durchzogen und immer besucht. Auf dem höchsten Punkt steht die Figur von Garibaldi, viele Jugendliche versammeln sich abends auf diesem Platz mit seiner wunderbaren Sicht über Rom. Weiter unten das Michelangelo-Haus mit seiner Springbrunnenfassade. Kleine Tanzlokale und Theater haben hier ihren Sitz.

Sodiaco – *Monte Mario*
Um die Sternwarte des Monte Mario herum erstreckt sich dieser waldähnliche Park. Im Winter, sollte es mal schneien (!), kann man beobachten, wie sich ausdauernde Skifahrer an diesem Hang vergnügen. Neben der Sternwarte mit ihrem Museum, liegen eine Eisdiele und eine Bar. Bei einem guten Eis genießt man den wohl schönsten Blick auf Rom.

Giardino Botanico, *Largo Christina di Soezia – Trastevere*
Leider muß man für den botanischen Garten Eintritt in Höhe von 2.000

Lire berappen. Er ist von 9.-15.00 Uhr geöffnet und besonders im späten Frühjahr bezaubert er durch seine unbeschreibliche Blütenpracht. Ein Teil des Gartens liegt in einem Zedernwald.

Villa Mirafiori – *Via Nomentana*
Der kleine von Mauern umgebene Garten umgibt die Sprachfakultät. Er ist nicht nur ruhig, sondern ermöglicht auch den Kontakt zu jungen Italienern, die Deutsch lernen.

Für die kleinen Gäste

Für Kinder kann es sehr langweilig sein, ein antikes Bauwerk nach dem anderen besichtigen zu müssen, durch die Museen geschleift zu werden und wenig Spielmöglichkeiten zu haben. Dennoch bietet Rom auch einiges zum Vergnügen der Kinder.

Viele Kaufhäuser haben auf ihrem Gelände ein Karussel oder einen Minizug stehen, z.B. Piazza Eroi – Balduina, Piazza Risorgimento. In der Villa Borghese gibt es einen Zoo, der zwar klein ist, aber doch alle Kinderherzen erfreuen wird. Der Eintritt beträgt 2.000 Lire.

Im Süden der Stadt gibt es den "Luna Park". Wie in Wien der "Prater" ist er ein Vergnügungszentrum mit Buden, Karussels und vielem mehr. Anfang der fünfziger Jahre eingeweiht, ist er heute noch eine große Attraktion. Auf 120.000 qm werden Vergnügungen aller Art sowie kulinarische Spezialitäten angeboten. Das Riesenrad von 40 Meter Höhe ist sein Wahrzeichen.

Luna Park, *Via delle Tre Fontane – EUR (5925933)*
Ganzjährig geöffnet.

Auf dem Gianicolo unterhalten regelmäßig kostenlose Kasperl- oder Marionettentheater Jung und Alt.

Darüberhinaus bieten immer wieder Theater und Kinos Programme für Kinder. Das "cinema dei Piccoli", Viale della Pianeta 15 (Villa Borghese) und das Marionettentheater "Mongiorino", Via Christoforo Colombo (8319681) zeichnen sich durch ihre unterhaltsamen Darbietungen besonders aus.

Messen und Veranstaltungen

In diesem Kapitel werden ausschließlich Veranstaltungen genannt, die Informations- oder Verkaufscharakter haben. Andere Veranstaltungen, die regelmäßig in Rom stattfinden, können Sie in den Kapiteln "La dolce Vita – Saisonveranstaltungen" und "Wissenswertes-Festtage" nachschlagen.

Messen

Das große Messegelände, **La Fiera di Roma** in der Via Christofero Colombo, umfaßt 110.000 qm mit 9 Pavillons. und ist am besten mit den Buslinien 93 und 93 vom Bahnhof aus zu erreichen. Im Italienischen ist das Wort "Messe" übrigens mit "Fiera" zu übersetzen und in keinem Fall etwa mit "messa", womit man nur den religiösen Gottesdienst bezeichnet. Folgende Messen finden alljährlich statt:

März
1. Casa Idea (Messe für Einrichtungsgegenstände) Fiera Internationale del Turismo, Folclore ed Artigianto Diese Messe wird nicht auf dem Messegelände, sondern am Lungotevere in Trastevere abgehalten; 2. Via Collectiva, Messegelände

Mai-Juni
Messe von Rom, Austellung der gesamten nationalen Produktion mit über 1.300 Ausstellern

Mai-Juni
Herbo Roma, Messe für Kräuter und Kräuterheilkunde

Oktober
Salone internationale per l'USO tempo Hobby- und Freizeitgestaltung

Dezember
"Natale Oggi" Internationale Geschenkartikel und gastronomische Spezialitäten

Veranstaltungen

Im Frühjahr und Herbst wird die *Kunstmesse* in der Via Marguta abgehalten. Von der Piazza di Spagna bis hin zur Piazza del Popolo wird die alte Künstlerstraße mit Werken junger Künstler buchstäblich bepflastert. Besonders sei auf die bemerkenswerten Kunstgegenstände aus Sizilien hingewiesen.

Mai
Woche der antiken Möbel; die alljährliche Antiquitätenausstellung in der Via dei Coronari, östlich der Piazza Navonna. Unter der Schirmherrschaft der Provinz wird die Straße festlich geschmückt und bis tief in die Nacht gibt's Gelegenheit die wunderschönen Möbel und Dekorstücke zu bestaunen.

Mai-Juni
die Rosenschau: Nicht nur für die Züchter, auch für jeden Blumenliebhaber ein Erlebnis. Im Rosengarten der Valle Murcia auf dem Aventin findet alljährlich dieser internationale Wettbewerb um neue Rosenzüchtungen statt. Einen Monat lang stellen sich die schönsten und verschiedenartigsten Rosen kritischen Augen, bevor der Gewinner bestimmt wird.

Herbst
Handwerksausstellung in den Gassen östlich der Piazza Navonna bis zum Tiber. Auf den Ständen ausgestellt kann man Handgefertigtes, wie Schmuck, Glasmalerei, Holzarbeiten, Stoffartikel und vieles mehr, betrachten und erwerben. Neugierige dürfen ruhig Fragen stellen. Die Handwerker führen Sie gerne etwas in ihrem Beruf ein.

Moderne Kunstmuseen und Galerien

Rom ist eine Stadt der Künste und ein Dokument unserer Geschichte in Europa. Aber nicht nur Gebäude, Brunnen, Plätze und Kirchen erzählen von vergangenen Zeiten, auch an die hundert Museen zeugen von Vergangenheit und Gegenwart. Nicht zuletzt steht hier der größte Museenkomplex Europas, die Vatikanmuseen, für die ein Tag oder ein Besuch gewiß nicht ausreichen. Aber selbst ausgesprochene "Museenmuffel" sollten sich aufrappeln, um wenigstens eines der Museen zu besichtigen. Meist sind sie nämlich in alten Palästen untergebracht und, von den ausgestellten Stücken mal abgesehen, gewinnt man einen sehr schönen Eindruck von der Ausstattung der Gebäude und ihren Dimensionen zu der damaligen Zeit.

Die staatlichen Museen, Galerien und Denkmäler erheben am ersten und dritten Samstag sowie am vierten Sonntag im Monat kein Eintrittsgeld. Die Museen und Galerien der Stadt und das Vatikanmuseum können am letzten Sonntag im Monat unentgeltlich besucht werden. Kinder unter 12 Jahren und in Begleitung eines Erwachsenen zahlen keinen Eintritt. Für einige der Museen ist, wie Sie der Aufzählung entnehmen können, eine Anmeldung nötig. Schrecken Sie nicht davor zurück; diese Anmeldungen sind meist formaler Natur und dienen lediglich einer besseren Überwachung und Pflege der kostbaren Gegenstände.

Prähistorische und archäologische Museen

Prähistorisches und Völkerkundliches Museum "Luigi Pigorini",
Via Lincoln 1 – EUR – (5910702)
Öffnungszeiten: 9-14; feiertags 9-13. Eintitt 3.000 Lire. Dokumentation der paläothischen, neolitischen, anäolitischen Epoche der Bronze- und Eisenzeit.

Prähistorisches Museum, *Citta Universita,*
Facoltà di Lettere – (4957988)
Besuche nur mit besonderer Erlaubnis. Dokumente über die italienische Steinzeit bis zur Eisenzeit; afrikanische, europäische und asiatische Vorgeschichte.

Museum der Mauern, *Via di Porta S. Sebastiano 18 – (7575284)*
Öffnungszeiten: werktags 9-13.50; feiertags 9-13; Dienstag und donnerstags auch 16-19; Montag geschlossen. Eintritt 1.500 Lire. Material über
die Geschichte und Entwicklung der Stadtmauern.

Kapitolinische Museen, *Piazza del Campidoglio – (6782862)*
Öffnungszeiten: 9-14 Uhr; feiertags 9-13 Uhr; dienstags und donnerstags
auch von 17 bis 20 Uhr; samstags auch von 9-14 Uhr; montags geschlossen. Eintritt 3.000 Lire. Freier Eintritt am letzten Samstag des Monats.
Die Museen befinden sich in Palästen von Michelangelo. Unter den
bedeutendsten Werken die kapitolische Venus, der sterbende Galater,
und die etruskische Wölfin mit den Zwillingen von Pollaiolo.

Römisches Nationalmuseum, *Viale delle Terme (4750181-2; 460856)*
Öffnungszeiten: werktags 9-13.30 Uhr; feiertags 9-13 Uhr; montags
geschlossen. Eintritt 4.000 Lire. Zur Zeit können von diesem Museum
nur der Garten aus dem 16. Jahrhunderts, der große, sogenannte
Michelangelo-Kreuzgang und das erste Stockwerk besichtigt werden.
Der Besuch der Sammlung Ludovisi am zweiten Montag des Monats
muß vorgebucht werden. Das Museum wurde im ehemaligen Kartäuser-
kloster, in den Sälen der antiken Diokletianthermen eingerichtet. Es
enthält Werke, die bei Ausgrabungen in Rom und Umgebung ans Licht
kamen: die Venus von Kyrene, der Thron Ludovisis, das Mädchen von
Anzio, die Sterbende Niobe.

Antiquarium Forense, *Piazza S. Maria Nova 53 (6790333)*
Öffnungszeiten: werktags und sonntags 9-13 Uhr. Dienstag geschlossen.
Eintritt 5.000 Lire. Funde aus der archaischen Nekropole des Forums.

Antiquarium Palatino, *Piazza S. Maria Nova 53 (6790333)*
Öffnungszeiten: werktags und sonntags 9-13. Dienstag geschlossen. Eintritt 5.000 Lire. Reste vom Palatin aus der Zeit des Romulus.

Nationalmuseum der Villa Giulia, *Piazza Villa Giulia 9*
(3601951/3601706)
Öffnungszeiten: 9-14 Uhr; feiertags 9-13 Uhr; mittwochs im Winter 9-18
Uhr, im Sommer 15-19.30 Uhr; montags geschlossen. Eintritt 4.000 Lire.
Es enthält archäologische Funde aus dem südlichen Etrurien. Unter den
berühmtesten Werken: der Apoll aus Veji, die "Cista Ficoroni", der Sar-
kophag der Eheleute.

Museum Baracco, *Corso Vittorio Emanuele II 168*
"Piccola Farnesina" (6540848)
Öffnungszeiten: 9-14 Uhr; Dienstag und Donnerstag auch 17-20 Uhr; sonntags 9-13 Uhr; Montag geschlossen. Eintritt 1.500 Lire. Assyrische, ägyptische, griechische und römische Originalskulpturen.

Nationalmuseum der Orientalischen Kunst,
Via Merulana 248 (735946)
Öffnungszeiten: 9-14 Uhr; feiertags 9-13; montags geschlossen. Eintritt 3.000 Lire. Gegenstände der orientalischen Kunst. Das Museum ist mit ISMEO verbunden.

Gips-Museum, *Citta Universitaria – Faccoltà di Lettere (4991/653)*
Besuchsmöglichkeit nur mit Sondergenehmigung der Studien wegen. Reproduktionen antiker Skulpturen.

Museum der römischen Schiffe, *Fiumencino, Tel. 60.11.089*
Öffnungszeiten: 9-13 Uhr; Montag geschlossen. Eintritt frei. Die hier ausgestellten sieben Schiffe stammen aus Fiumicino. Die Planierraupen stießen bei der Anlage der Flughafenbahn in den 60er Jahren auf den alten Hafen des Claudius.

Archäologisches Museum von Ostia, *Ostia Antica (5650022*
Öffnungszeiten: 9-16 Uhr; Eintritt 4.000 Lire. Es hat seinen Sitz in "Casone del Sale", 1500 errichtet mit den übrig gebliebenen Steinen. Hier sind die besten Stücke der Ausgrabungen von Ostia gesammelt.

Mittelalterliche und moderne Museen

Museum des hohen Mittelalters, *Viale Lincoln 1 – EUR (5925806)*
Öffnungszeiten Samstag und Sonntag 9-14 Uhr. Eintritt frei. Eine Materialiensammlung aus der späten Antike und dem hohen Mittelalter.

Nationalmuseum der Engelsburg, *Lungotevere Castello (655036)*
Öffnungszeiten: 9-13 Uhr; feiertags 9-12 Uhr; montags geschlossen. Eintritt 3.000 Lire. In 58 Sälen, darunter einigen mit reichen Fresken, interessante Waffensammlungen von der paläolitischen Zeit bis zur Renaissance.

Museum von Palazzo Venezia, *Piazza Venezia 3 (6798865)*
Öffnungszeiten: 9-14 Uhr; feiertags 9-13 Uhr; Eintritt 4.000 Lire. Es enthält eine wertvolle Sammlung von Keramiken und Gegenstände der Goldschmiedekunst. Nach mehr als zehnjähriger Schließung ist kürzlich im Cybo-Appartement eine erste, der mittelalterlichen Kunst gewidmete Abteilung, eröffnet worden.

Nationalgalerie der antiken Kunst, Palazzo Barberini,
Via Quattro Fontane 13 (4754591)
Öffnungszeiten 9-14 Uhr; feiertags 9-13 Uhr; Eintritt 3.000 Lire. Gemälde von Rafael, Holbein, Simone Martini, Beato Angelico, Lippi, Caravaggio, u.a.

Nationalgalerie von Palazzo Corsini, *Via della Lungara 10 (6542323)*
Öffnungszeiten: von dienstags bis freitags 9-19 Uhr; montags und samstags 9-14 Uhr; feiertags 9-13 Uhr. Eintritt 3.000 Lire. Sie enthält Werke aus der Zeit Ende des 16. und 17. Jahrhunderts.

Galerie Spada, *Piazza Capodiferro 3 (6561158)*
Öffnungszeiten: 9-14 Uhr; feiertags 9-13 Uhr. Eintritt 2.000 Lire. Werke von Guido Reni, Tizian, Andrea del Sarto, Rubens und anderen.

Galerie Doria Pamphili, *Palazzo Doria Pamphili,*
Piazza del Collegio Romano 1/a (6794365)
Öffnungszeiten: Dienstag, Freitag, Samstag und Sonntag 10-13 Uhr. Eintritt 2.000 Lire; private Wohnung 2.000 Lire. Werke unter anderem von Giovanni Bellini, Filippo Lippi, Caravaggio, Tizian, Dosso Dossi, Andrea del Sarto, Valasquez.

Galerie Aurora Pallavicini, *Via XXIV Maggio 43 (4744019)*
Man kann sie nur mit einer Sondergenehmigung der Prinzessin der Pallavicini besichtigen. Das Casino dell'Aurora ist jeden ersten Tag des Monats geöffnet, 10-12 Uhr, 15-17 Uhr. Eintritt frei. "Aurora" von Guido Reni ein Deckenfresko. Andere Fresken auf den Wänden von Paolo Bril; ein Rundbild von Botticelli usw.

Galerie Colonna, *Via della Pilotta 17 (6794362)*
Öffnungszeiten: Samstag 9-13 Uhr, im August geschlossen. Eintritt 3.500 Lire. Gemälde von Melozzo da Forli, Vivarini, Veronese, Palma il Vecchio, Tintoretto, Bronzino, Guercino, Salvator Rosa, usw.

Galerie der Akademie St. Lukas, *Piazza dell'Accademia di St. Luca 77 (6789243)*
Öffnungszeiten: montags, mittwochs, freitags und am letzten Sonntag des Monats 10-13 Uhr. Bibliothek: täglich, außer Samstag, von 15.30-19 Uhr. Sie befindet sich in acht Sälen des Palazzo Carpegna. Unter den Meistern: Raffael, Jacopo da Bassano, Guercino, Rubens, u.a.

Nationales Kunstdruck-Kabinett, *Via della Lungara 230 (6540565/6561375)*
Öffnungszeiten: Besichtigung nur auf Wunsch außer feiertags und montags. Eintritt frei. Sammlung italienischer und ausländischer Kunstdrucke aus dem 15. bis 19. Jahrhundert.

Nationalgalerie der Modernen Kunst, *Via delle Belle Arti 131 (802751)*
Öffnungszeiten von Dienstag bis Samstag 9-14 Uhr; sonntags und feiertags 9-13; montags geschlossen. Eintritt 4.000 Lire. Die größte Sammlung italienischer Kunst vom 19. Jahrhundert bis zur Gegenwart. Von der ganzen Galerie ist nur die Abteilung des 19. Jahrhunderts bis 1910 geöffnet, die des 20. Jahrhunderts ist z.Zt. nicht zugänglich.

Gemeindegalerie der Modernen Kunst, *Piazza S. Pantaleo 10 - Palazzo Braschi (655880)*
Für den Besuch wende man sich an "Direzione del Museo di Roma". Die Galerie präsentiert Aquarelle und Zeichnungen von Bartolomeo Pinelli, Werke römischer Maler des 18. Jahrhunderts und Skulpturen von Pietro Tenerani.

Napoleonisches Museum, *Via Zanardelli 1 (6540286)*
Öffnungszeiten: 9-14 Uhr; Dienstag und Donnerstag auch 17-20 Uhr; feiertags 9-13 Uhr; montags geschlossen. Eintritt 1.500 Lire. Erinnerungsstücke von Napoleon, Schenkung des Grafen Primoli, eines Nachkommens von Charlotte Bonaparte.

Museum Canonica, *Viale Pietro Canonica − Villa Borghese (8449533)*
Öffnungszeiten: donnerstags und sonntags 9-13 Uhr. Eintritt 1.500 Lire am Donnerstag. Am Sonntag Eintritt frei. Im August geschlossen. Werke, Gipsabdrücke und Zeichnungen des Bildhauers P. Canonica.

Museum von Rom, *Piazza S. Pantaleo 10 − Palazzo Braschi (655880)*
Öffnungszeiten 9-14 Uhr; feiertags 9-13 Uhr; Dienstag und Donnerstag

auch 17-20 Uhr; montags geschlossen. Eintritt 3.000 Lire. Skulpturen, Gemälde und Aquarelle mit Ansichten von Rom, Möbel, und andere Gegenstände, die in Zusammenhang mit der Stadtgeschichte stehen.

Museum des Burcardo, *Via del Sudaro 44 (6540755)*
Öffnungszeiten: 9-13 Uhr; Sonntag und den ganzen August geschlossen. Eintritt frei. Das Museum befindet sich in einem Gebäude von typisch nordischem Stil aus dem Jahre 1503 und beherbergt vielfältiges Material aus der Geschichte des Theaters.

Numismatisches Museum der Münzprägestelle,
Via XX Settembre 97 (4681/1272)
Öffnungszeiten: 9-13 Uhr; samstags 9-12 Uhr; sonntags geschlossen. Besuch nur auf besonderes Ersuchen. Technik der antiken und modernen Münzprägung. Unter den wichtigsten Sammlungen die päpstliche Sammlung von 1471 bis heute.

Museum der Folklore, *Piazza S. Egidio 1/b (5816563)*
Öffnungszeiten: 9-13.30 Uhr; Dienstag, Donnerstag und Samstag auch 17-19.30 Uhr; Sonntag 9-12.30 Uhr. Montag geschlossen. Eintritt 1.500 Lire. Das Museum befindet sich im ehemaligen Kloster von S. Egidio in Trastevere. Es enthält berühmte römische Skulpturen (Bocca della Verita, sprechende Statuen, usw.) uns sogar Skizzen des römischen Lebens.

Naturwissenschaftliche und naturalistische Museen

Paläontologische und Mineralogische Sammlungen des Geologischen Dienstes Italiens, *Largo S. Susanna 13 (4743081)*
Besuch nur mit Genehmigung der Direktion. In den Sammlungen sind Proben vorhanden, die während der Arbeiten der Aufnahmen der geologischen Karte gemacht, oder geschenkt und ausgetauscht wurden.

Museum der Vergleichenden Anatomie, *Facoltà di Scienze Fisiche e Naturali – Via Alfonso Borelli 50 (Erdgeschoß) (4991/244)*
Öffnungszeiten: 9-13 Uhr, wenn Vorlesungen sind. Das Museum beherbergt Skelette von Wirbeltieren, Instrumente der mikroskopischen und histologischen Anatomie und eine Sammlung von Lehrmaterial der vergleichenden Anatomie.

Paläontologisches Museum, *Citta Universitaria,*
Facoltà di Scienze Matematiche, Fisiche e Naturali,
Instututo di Geoligia (2. Stockwerk) (4991/244)
Öffnungszeiten: jeden Tag außer Samstag 9-13 Uhr. Eintritt frei. Hier sind fossile Reste von Wirbellosen, Wirbeltieren und quartären Säugetieren aus Latium und dem Mittelmeerraum gesammelt.

Physikalisches Museum, *Città Universitaria, Facoltà di Scienze*
Matematiche, Fisiche e Naturali, (neuer Bau, 3. Stockwerk).
Besuch nach Verabredung (4976480)
Das Museum enthält Apparate, die für die Forschung und für den Unterricht im physikalischen Institut von Rom benutzt wurden, und Apparate mit physikalischen Versuchen in Betrieb.

Museum der Mineralogie, *Città Universitaria,*
Facoltà di Scienze Matematiche, Fisiche e Naturali,
Istituto di Mineralogia e Petrografia (4991/788)
Für Termine und Auskünfte wende man sich an die Museumsdirektion (490844). Öffnungszeiten: Freitag von 9 bis 12 Uhr, nicht feiertags. Das Museum enthält Sammlungen von Gesteinen, Marmorstücken und Fossilien. Anwesend sind besondere Exemplare wie z.B. Goldklumpen von Judbo (nicht ausgestellt) von 1250 Gramm

Museum der Geschichte der Medizin,
Viale dell'Università 37a (4951721)
Öffnungszeiten: feiertags 9-13 Uhr mit Verabredung. Eintritt frei. Es wird die Medizin vom Zeitalter bis zum vorigen Jahrhundert dargestellt, durch authentische Exemplare oder Nachbildungen.

Kräutersammlung, *Città Universitaria, Facoltà di Scienze*
Matematiche, Fisiche e Naturali Istituto di Botanica
(1. Stock) (4952237)
Besuch nach Vereinbarung. Die Kräutersammlung ist die zweitbeste in Italien nach der von Florenz und eine der wichtigsten Europas; sie umfaßt 420.000 Exemplare.

Citt Universitaria, *Facoltà di Scienze Matematiche, Fisiche e Naturali*
Istituto di Geologia (1. Stockwerk), Saal der Bibliothek (4991/290)
Besuch auf Verabredung. Es enthält Schaufenster mit den wichtigen geologischen Formationen Italiens.

Museum des Zoologischen Instituts,
Viale dell'Università 32 (4958254)
Besuch auf Verabredung. Die Sammlungen mit einigen Tausend Einzel-
stücken stellen alle zoologischen Gruppen dar, insbesondere die in Flüs-
sigkeiten konservierten Wirbellosen.

Museum der Anthropologie, *Città Universitaria, Facoltà di Scienze
Fisiche e Naturali, Istituto di Antropologia (2. Stockwerk) (4991/222)*
Besuch auf Verabredung. Eintritt frei. Es enthält menschliche Skelett-
reste der Vorgeschichte, der Protogeschichte und der Gegenwart.

Militärische Museen

Historisches Museum der Bersaglieri, *Piazza di Porta Pia (486723)*
Öffnungszeiten: Dienstag und Donnerstag 9-13.30 Uhr. Eintritt frei. Für
geführte Besuche, auch in anderen Tagen der Woche – außer Sonntag
– um dieselbe Zeit nach Absprache. Dokumente aus dem Befreiungs-
kampf, den Afrikafeldzügen und dem 1. Weltkrieg.

Historisches Museum der Grenadiere Sardiniens, *Piazza S. Croce
in Gerusalemme 7 (7596657)*
Öffnungszeiten: Donnerstag und Sonntag 10-12 Uhr. Eintritt frei. Die
Urkunden sind unterteilt in geschichtliche Abschnitte von 1659 bis 1945.

**Museum des Historischen und Kulturellen Instituts der
Pioniergruppen,** *Lungotevere della Vittoria 31 (3595446)*
Öffnungszeiten: Donnerstag 8-13.30 Uhr, andere Tage Besuch nach
Vereinbarung. Eintritt frei. Es enthält vielfältige Objekte zur Waffen-
geschichte.

Fahnenmuseum der "Marina Militare", *Denkmal für Vittorio
Emanuele II, linke Seite*
Öffnungszeiten: 9-13.30 Uhr. Es enthält die Fahnen der berühmtesten
Schiffe, darunter eine, die die sizilianischen Frauen dem Schiff "Sicilia"
im Jahre 1895 schenkten.

Historisches Museum der Militärischen Motorisierung,
Viale Exercito 86, Caserna Rossetti – Cecchignola (5011885)
Öffnungszeiten: werktags 8-12 Uhr und 14-16 Uhr; samstags und feiertags

geschlossen. Eintritt frei. Enthält Raritäten von hohem Wert sowie historischer Bedeutung.

Historisches Museum des Befreiungskampfes Roms,
Via Tasso 145 (7553866)
Öffnungszeiten: samstags 16-19 Uhr; sonntags 10-13 Uhr. Eintritt frei, im August geschlossen. Dokumente über die Judenverfolgung und die Kämpfe des römischen Widerstandes.

Historisches Museum der Infanterie, *Piazza S. Croce in Gerusalemme 9 (778524)*
Öffnungszeiten: Dienstag, Donnerstag und Samstag 9.30-12 Uhr. Eintritt frei, im August geschlossen. Sammlung der Dokumente des Befreiungskampfes des 1. und 2. Weltkrieges.

Historisches Museum der Finanzpolizei,
Piazza Armellini 20 (428841)
Öffnungszeiten: 9-13 Uhr. Eintritt frei. Dokumente und Objekte, die Geschichte der Finanzpolizei betreffend.

Historisches Museum der Carabinieri,
Piazza Risorgimento 48 (386654)
Öffnungszeiten Donnerstag 9-13 Uhr. Eintritt frei. Sammlung von Werken und Skulpturen über das Korps ebenso wie Dokumente und Geräte der Kriege, an denen die Carabinieri teilgenommen haben.

Religiöse Museen

Franziskanisches Museum, *Collegio S. Lorenzo da Brindisi,*
G.R.A. km 68,800 (6251961)
Besuch nach Vereinbarung. Eintritt frei. Geschichtliche Darstellung des Franziskanertums mittels Bildern, Keramiken und weiteren Objekten.

Darstellung der Isrealischen Gemeinschaft in Rom,
Synagoge − Lungotevere Cenci (6564648)
Öffnungszeiten: Jeden Tag außer Samstag und anderen hebräischen Feiertagen, 10-14 Uhr; sonntags 10-12 Uhr. Eintritt frei. Dokumente über das Leben der hebräischen Gemeinschaft in Rom und Objekte des Kultes.

Museum der Internationalen Typologie der Krippe,
Via Tor dei Conti 31a (6787135)
Öffnungszeiten: von Oktober bis Mai alle Samstage 18-20 Uhr; vom 24.
Dezember bis 15. Januar 16-20 Uhr, feiertags 10-13 und 15-20 Uhr. Eintritt frei. Das Museum enthält Krippen und Figuren von historischem
Wert sowie Dokumente zur Interpretation des Jenseits in 28 verschiedenen Ländern der Welt.

Museum der Seelen, *Lungotevere Prati 12 (6540597)*
Öffnungszeiten wie die Kirche von Sacro Cuore del Suffragio, 6.30-12.30
Uhr und 17-18.30 Uhr. Man wende sich an die Sakristei. In einem
großen Schaufenster sind einige merkwürdige Zeugnisse von der Anwesenheit der Verstorbenen. Oh, diese Katholiken!

Vatikanische Museen und Galerien

Viale del Vaticano *(6983333)*
Öffnungszeiten: 9-14 Uhr, im Sommer und zu Ostern 9-13 Uhr.
Eintritt 7.000 Lire. Es handelt sich im Einzelnen um folgende Museen:
Gregorianisch-ägyptisch; Pio Clemtino; Chiaramonti; Sakral und Profan;
Gregorianisch-etruskisch; Ethnologie; Geschichte; Mission; Gallerie der
Landkarten, Wandteppiche und Armleuchter; Die Wohnung von Borgia;
Sixtinische Kapelle; die Stanzen von Raffael; die Kapelle von Beato
Angelico; die Pinakothek.

Sondermuseen und historische Häuser

Museum des Papiers, der Buchdruckerkunst und der Presse,
Via Salaria 971 (km 9,700), bei S.I.V.A.,S.p.A. (6781941),
Societa dell'Nazionale Cellulosa e Carta.
Das Museum ist nur für organisierte Besuche nach Vereinbarung mit
der Direktion zugänglich. Es enthält antike Maschinenausrüstungen von
Papiermühlen, eine Sammlung von Zeitungen, Plakaten seit 1725,
Werken aus Papiermaché usw.

Wachsfigurenkabinett, *Piazza Venezia SS. Apostoli 67 (6796482)*
Öffnungszeiten: 9-20 Uhr. Eintritt 2.000 Lire, für Kinder 1.200 Lire.

Keats and Shelley Memorial House, *Piazza di Spagna 26 (684235)*
Öffnungszeiten: Winter 9-12.30; 14.30-17; im Sommer 9-12; 15.30-18 Uhr. Samstag und Sonntag geschlossen. Eintritt 1.000 Lire. Objekte und Porträts der englischen Dichter Keats, Shelley, Byrons und J.H. Hunts.

Musikalische Museen

Museum für Musikinstrumente, *Piazza S. Croce in Gerusalemme 9a (7575946)*
Öffnungszeiten: 9-14 Uhr; feiertags 9-12.30 Uhr; Dienstag auch 14-19 Uhr; Montag geschlossen. Eintritt 1.000 Lire. Auf 16 Säle verteilt befinden sich dort über 800 Musikinstrumente.

Museum der Instrumente für die Reproduktion des Klanges, *Via dei Caetani 31 – Palazzo Mattei (6564197)*
Öffnungszeiten: 9-13.30 Uhr; feiertags geschlossen. Eintritt frei. Es enthält Apparate zum Anhören von Wachswalzen, Platten und Tonbändern.

Moderne Kunstgalerien

Folgte nach dieser langen Aufzählung von Museen auch noch die Auflistung der kleinen Kunstgalerien, so würden Sie entmutigt das Buch vor soviel Kunst zuklappen. Wer sich aber noch eingehender für Kunst und besonders für ihre modernen Vertreter interessiert, dem seien hier einige Adressen genannt:

L'Isola, *Via Gegoriana 5 (6790029)*
Sperone, *Via di Pallocorda 15 (6781688)*
Galleria Ferranti, *Via di Tor Milina 26 (6542146)*

Viele Galerien finden Sie in den Straßen rechts und links der Via del Corso, etwas in der Via Ripetta oder auf der anderen Seite in der Via del Babuino. In diesen Galerien liegt ein Programm aller derzeit stattfindenden Ausstellungen der angeschlossenen Galerien aus. Das Programm aller Galerien entnehmen Sie freitags bzw. samstags der "Republica" und ihrer Beilage *Trovaroma* unter der Überschrift "Il Piacere dell'Occhio".

Essen, Trinken und Genießen

Pasta und Basta! Aber nein, so einfallslos ist die italienische Küche bei weitem nicht. Im Gegenteil, es gibt kaum ein Land, das den ausländischen Küchen so wenig Beachtung schenkt, die eigene aber immer weiter verfeinert. Tatsächlich existiert auch kaum ein Land, das von Region zu Region so verschiedene Gerichte bereitet und fast andere Essenskulturen entwickelt hat: je weiter man in den Süden kommt, desto dicker, aber weniger belegt wird die Pizza, die Nudelzubereitungsart wechselt alle 50 km und jede Region ist stolz auf ihren eigenen Käse. Nur den Wein, den gibt es überall, und einer ist besser als der andere. Man steht nur vor der Qual der Wahl: ein kräftiger Chianti, einen lieblichen Pinot, einen geschmackvollen Frascati oder einen prickelnden Lambrusco, um nur einige zu nennen. Viele Restaurants bieten offene Hausweine zu günstigen Preisen an. Der Geschmack und Alkoholgehalt dieser Weine ist immer unterschiedlich. Man sollte sich von daher immer erst einen 1/4 Liter bringen lassen, um zu entscheiden, ob man dabei bleiben will. Daneben gibt es natürlich auch noch den Kunstwein, für dessen hervorragende Qualität die Italiener bekannt sind – schwappt er doch täglich über die Grenzen, ohne aufzufallen. Die gesamte italienische Weinproduktion ist etwa um 25% höher als es nach der Anbaufläche möglich ist. Trotzdem – nutzen Sie Ihren Romaufenthalt und lernen Sie die Vielfalt der italienischen Küche und Weine kennen. Besser einen ausgezeichneten Plastikwein, als einen richtigen 'teutschen' Hering aus der Nordsee oder Nudeln von – äh – wie heißt die schwäbische Firma noch? Gehen Sie also einmal in ein sardinisches, einmal in ein toskanisches und vor allen Dingen in ein römisches Lokal. Hier einige der typischen Gerichte aus dem Lazio:

Primo Piatto: gnochi alla romana (aus Kartoffeln), fettucine (Nudelart), canneloni, spaghetti all'amatriciana, penne arabiata

Hauptspeise: trippa alla romana (Kutteln), abbacchio al forno, pollo al diavolo, porchetta (Schweinegeschnetzeltes), Saltimbocca und freitags: fritto misto die pesce (gemischter Fischsalat) und filletti di baccala.

Beilagen: carciofi alla guida (Artischocken), piselli al prosciutto (Erbsen mit Schinken), puntarelle di cicoria (Chicoree), insalata, broccoli al limone, finocchio (Fenchel) und fave fresche (Bohnenart).

Käse: pecorino, ricotta mozarella, provatura, caciocavallo

Kuchen: crostata di frutta (sehr süßer Marmeladenkuchen), crostata di ricotta (süßer Quarkkuchen), zuppa inglese, millefoglie, il Saint-Honoré.

Die Eßgewohnheiten der Italiener unterscheiden sich wesentlich von den unsrigen. Das Frühstück fällt oftmals weg, man trinkt nur einen Kaffee. Zu einem reichhaltigen Frühstück zählen ein Cappuchino und ein Cornetto oder ein paar süße Kekse. Auch mittags fällt, schon aufgrund der Hitze im Sommer, das Essen bescheiden aus. Man ißt eine Kleinigkeit in der Kantine, Mensa oder Rosticceria. Die Hauptmahlzeit ist das Abendessen. Man sitzt lange zu Tisch und genießt ein ausgiebiges Mahl mit verschiedenen Gängen: dem antipasto, dem Primo (Nudeln oder Reis), dem Secondo (Fleisch und Gemüse) und als Abschluß Käse, Obst und Kaffee. Und – ganz wichtig – man redet! Zusammen essen bedeutet hier, wie in allen romanischen Ländern, auch immer Geselligkeit, Kontakt und Lebensfreude. Essen oder Nahrungsmittel überhaupt sind ebenfalls eine sinnliche Erfahrung – denken Sie an die Märkte mit ihren Farben und Düften.

Dementsprechend wird kein Italiener Gemüse oder andere Beilagen aus der Dose verwenden. Es ist üblich, alles Gemüse, Obst und Käse auf dem Markt frisch einzukaufen und in einem – für uns – ungeheuren Arbeitsaufwand zu putzen, zu schneiden und zu kochen. Und wenn die Italiener in mach anderen Dingen weniger auf Sauberkeit bedacht sind, so sind sie, was das Essen betrifft, sicherlich Pedanten.

Wie im Hotelbereich, gibt es auch für die verschiedenen Restaurants andere Bezeichnungen: Rosticceria und Tavola Calda sind eine Art Schnellimbisse, wobei letztere über Sitzmöglichkeiten verfügen. Trattoria und Osteria bezeichnen preiswerte Restaurants, meistens Familienbetriebe. Osteria ist ein typisch römischer Ausdruck. Restaurant ist uns allen geläufig. Es bezeichnet meistens preislich höher liegende Speiselokale. Einige Kleinigkeiten essen, kann man aber auch in fast allen Lokalen. Bis vor einigen Jahren war es in Italien nicht üblich, wenn man abends ausging, nur etwas zu trinken. Am Tisch sitzen und sich mit Freunden zu unterhalten, war ganz stark an das Essen gebunden. Wer Durst hatte, ging in eine Bar oder Enoteca (Weinstube). Die preiswerten und formlosen Pizzerien und Paninoteken waren und sind heute noch die eigentlichen Jugendtreffpunkte. Erst seit wenigen Jahren entstehen immer mehr Lokale, in denen man vor einem Glase Wein den Abend "verquatschen" kann, auch wenn die meisten Lokale immer noch etwas zu essen anbieten. Auch ist in diesen Lokalen das Publikum eher intel-lektuell-alternativ. Ein solcher Wandel vollzieht sich nun einmal sehr langsam.

Restaurants

Aspriti Sesamo, *Via del Mattonato 16 – Trastevere (5809667)*
Ruhetag: Montag, geöffnet bis 22.30 Uhr. "Sesam öffne Dich", so heißt dieses kleine Restaurant für Naturkost. Reformkost, biologische Biere und Weine gehören zum reichhaltigen Angebot. Jeden Donnerstag Livemusik.

Boccondivini, *Viccolo della Campagna 11 – Centro (6547129)*
Ruhetag: Montag, geöffnet bis 2 Uhr. Bei Kerzenlicht und romantischer Hintergrundmusik kostet man römische Spezialitäten, z.B. Gnocchi al radicchio – Nudelspeise mit Radieschen.

Bruno, *Via Marrucini 184 – San Lorenzo (490308)*
Ruhetag: Sonntag, geöffnet bis 24 Uhr. Ristorante, Pizzeria. Mittags gibt es römische Spezialitäten, zubereitet von Rossana, abends servieren Bruno, Anita und Guiliano raffinierte Speisen. Große Auswahl, freund-liches und ruhiges Lokal mit leiser Hintergrundmusik.

Clarabella, *Piazza San Cosimato 39 – Trastevere*
Ruhetag: Montag, geöffnet bis 5 Uhr. Restaurant, Bar und Music Hall. Ein ungewöhnliches Restaurant im Herzen des alten Trastevere und erst kürzlich eröffnet. Bis zum Morgengrauen kann man kleinere Speziali-täten essen und Musik hören.

Il Carillon, *Viale Aventino 39/43 – Aventino (576108)*
Ruhetag: Sonntag, geöffnet bis 2 Uhr. Ein modern ausgestattetes Restaurant mit einfachem Essen aus der Gegend. Sehr preiswerte und große Portionen.

Il Dito e la Luna, *Via dei Sabelli 49-51 – San Lorenzo (4940726)*
Ruhetag: Sonntag, geöffnet bis 1 Uhr. Ein kleines Lokal mit tausend kulinarischen Gaumengenüssen zu günstigen Preisen.

Insalateria, *Via Monte Pertica 12-14 – Prati (369103)*
Ruhetag: Wochenende, geöffnet bis 0.30 Uhr. Die frischen, herrlich

angerichteten Salate sind richtige Vitaminbomben. Aber auch die guten römischen Speisen, von der "Mamma" zubereitet, sollten Sie nicht verachten.

L'Angelo e il Diavolo, *Via dei Vascellari 21 – Trastevere (5898896)*
Ruhetag: Sonntag, geöffnet bis tief in die Nacht. Im Sommer ißt man draußen, im Winter in dem netten Lokal, unterhalten durch Livemusik. Internationale Küche, mit der Möglichkeit, spezielle Kochwünsche zu äußern.

L'Angelo 44, *Via Donna Olimpica 44 – Monteverde (531840)*
Ruhetag: Mittwoch, geöffnet bis 1.30 Uhr. Wer gibt nicht gern ein bißchen mehr aus, um mit Leuten von Film und Fernsehen an einem Tisch zu sitzen. Essen bei Kerzenschein und guter Hintergrundmusik. Spezialitäten: "Bombolotti al mais", in Butter gebackene Maiskolben "Crepes ricotta e Spinaci", Crepes mit Rahm und Spinat.

La Taverna dei 40, *Via Claudo 24 – Colosseum (736296)*
Ruhetag: Sonntag, geöffnet bis 23 Uhr. Gute Auswahl an Weinen, unter anderem der Hauswein vom Faß, Spezialitäten aus dem Lazio verschiedener Art je nach Jahreszeit.

La Smorfia,, *Via Flaminia Vecchia 684 – Flaminio (3279119)*
Etwas außerhalb am Corso Francia. Eines der am längsten geöffneten Restaurants von Rom. Von der traditionellen italienischen Küche bis zu fantasievollen neuen Gerichten – von der Spezialität aus Sizilien bis zu lateinamerikanischen Köstlichkeiten.

Ristorante Taverna Antonina, *Via Flaminia Vecchia 684 - Flaminio (3279119).*
Ausgezeichnete Gelegenheit die römische Küche in ihrer ganzen Vielfalt zu versuchen. Ein bezaubernder Winkel im Centro Storico – bei Kerzenschein und im Freien.
10 % Nachlaß für Besitzer dieses Buches.

Mago di Oz, *Piazza San Egidio 12-13 – Trastevere*
Geöffnet bis 0.30 Uhr. Modern gehaltenes Lokal mit dezenter Musik, in dem man nicht unbedingt essen muß. Hinter dem geheimnisvollen Namen auf der Speisekarte verbergen sich einfache Gerichte, von der Crêpe bis zur Pizza. Man muß 500 Lire für einen Jahresmitgliedsausweis zahlen, dafür sind die Preise für das Essen niedrig.

Spaghetteria, *Via Arno 80/b (855535)*
Ruhetag: Montag, geöffnet bis 3 Uhr. Lange geöffnetes Lokal mit einfacher Küche, das vor allen Dingen von jungen Leuten besucht wird. Es
gibt Spaghetti auf 25 verschiedene Arten zubereitet.

Nino, *Via Borgognona 11 – Centro (6795676)*
Ruhetag: Sonntag, geöffnet von 12-15 Uhr und 20-23 Uhr. Römische
Spezialitäten zu sehr günstigen Preisen: canneloni, fagioli allo Franowich
(ein Bohnengerich), trippa alla Giorentina (Kutteln) und offener Hauswein.

Nabila, *Via Agostino Bertani 6 – Trastevere (5895236)*
Ruhetag Mittwoch, geöffnet bis 1 Uhr. Sardische Spezialitäten und
frischer Fisch. Livemusik. Im Nebenraum eine Art American Bar mit
guten Cocktails. Trotz schicken Publikums bewegen die Preise sich eher
an der unteren Grenze.

Margutta Vegetario, *Via Margutta 119 – Centro (6786033)*
Ruhetag: Sonntag. Ein grüner Fleck im Herzen Roms. In der alten
Künstlerstraße, Via Margutta, ist dieses vegetarische Restaurant entstanden, das es versteht, aus jedem Gericht ein Kunstwerk zu machen.
Signor Vannini leitet dieses raffinierte und elegante Lokal. Die Atmosphäre ist trotzdem ungezwungen und Signor Vanni wird für Ihr Wohlbefinden sorgen und bei der Wahl Ihres Gerichts beratend zur Seite
stehen.

Pan di Zuchero, *Via Pietro Verri 11 – San Giovanni (779983)*
Ruhetag: Sonntag, bis 24 Uhr geöffnet. Zwei Schritte vom Colosseum
entfernt liegt dieses kleine Lokal, das sich durch freundliche Bedienung,
gute Küche und niedrige Preise auszeichnet.

Pietre Serpentina, *Via Calvani 45 – Testaccio (576801)*
Ruhetag Montag, geöffnet bis 0.30 Uhr. Das Lokal hat seinem Namen
nach einer kulinarischen Spezialität: Fleisch, Eier und Gemüse bereitet
der Gast nach Anleitung selbst am Tisch zu exquisiten Gaumengenüssen
an einem Tischfeuer zu.

Tre Maghi, *Piazza di San Pasquino 77/78 – Centro (654774)*
Ruhetag: Montag, geöffnet bis 1 Uhr. Vegetarische Küche mit astro-
logischem Menu: für jedes Sternzeichen gibt es das speziell auf den
Charakter zugeschnittene Mahl. Biologische Weine und frisch ausge-

preßte Fruchtsäfte begleiten das Gericht. Ein Astrologe steht den Gästen ständig zur Verfügung, um ihnen Horoskope auszustellen, aus der Hand zu lesen und die Zukunft vorherzusagen.

Polese, *Piazza Sforza Cesarini 40 – Centro (6561709)*
Ruhetag: Dienstag. Besonders schön ist der große Innengarten, in dem man im Sommer draußen sitzen kann. Italienische Küche aus dem Lazio.

Ristorante del Pesce, *Via Tiburtina 11 – San Lorenzo*
Der absolute Geheimtip für alle Fischliebhaber. Urgemütliches Lokal ohne viel Zeremoniell. Die wirklich günstigen Preise für ein Essen mit vier Gängen – 15.000 Lire pro Person – rühren einfach daher, daß man nicht wählen kann. Was die Köchin für den Tag bereitet, kommt auf den Tisch – basta! Da sie in der Regel gut drauf ist, werden Sie's nicht bereuen. Das Menü besteht aus einem Antipasto – meist ein Insalata al pesce misto – einem Fischreisgericht, einem Fischnudelgericht und einem großen gebratenen Fisch als "Secondo" mit Salat. Obst je nach Jahreszeit. Der Wein ist äußerst bekömmlich, und auch nach mehreren Gläsern wird man sich ohne Schwanken vom Tisch erheben. Man muß mit Wartezeiten rechnen. Ein zweites Lokal dieser Art liegt gleich nebenan in der Via Falisci 1.

Il Gatto e la Volpe, *Via Burcari – Trionfale*
Ein weiteres, besonders zu empfehlendes Lokal unter Leitung einer Gruppe junger Leute. Eine erfrischend freundliche Atmosphäre und der wunderschöne, pflanzenüberwucherte, große Innengarten laden zum Verweilen ein. Das Lokal hat in kurzer Zeit eine zahlreiche Stammkundschaft erworben.

Sardos, *Viale Medaglie d'Oro 50 – Balduina*
Ruhetag: Sonntag. Ein sardinisches Spezialitätenrestaurant, in dem selbst der bescheidenste Gast zum großen Esser wird. Die Gerichte liegen zum Betrachten schon so dekorativ aus, daß einem das Wasser im Munde zusammenläuft. Die Würze und der Geschmack der reichhaltig servierten Mahlzeiten bestätigen dann vollauf das appetitliche Aussehen. Besonders zu empfehlen sind auch die Vorspeisen: der Wirt serviert dann z.B. Wurst und Schinken, von denen man sich nach Belieben abschneiden kann.

Osteria, *Via del Monte d'Oro – Centro*
Versteckt in einer kleinen Gasse, die hinter dem Markt auf der Via Tomacelli abbiegt, liegt diese kleine sehr preiswerte Osteria mit einfacher römischer Küche. Die Inhaberin, eine rüstige alte Dame, wacht über das Wohlbefinden ihrer Gäste.

Da Francesco, *Piazza del Fico – Centro*
Eine warme Atmosphäre strahlt der Raum durch seinen offenen Grill aus. Francesco wird Sie herzlich willkommen heißen und seine fantastischen Kochkünste unter Beweis stellen. Pizzeria-Ristorante.

Ristorante, *Gigli d'Oro – Centro*
Östlich der Piazza Navonna liegt dieses preiswerte, größere Restaurant, versteckt in einer dunklen Gasse. Die Qualität der Speisen und die Freundlichkeit der Besitzer tragen dazu bei, daß man sich hier wohlfühlt.

Da Giovanni, *Via della Lungara 41 – Trastevere*
Das wohl preiswerteste Lokal in Rom. Es ist ganz klein, kaum fünf Tische insgesamt. Man sitzt praktisch in der Küche, die nur notdürftig von dem Speiseraum getrennt ist. Die ganze Familie arbeitet mit. Daß es einem heiß wird, muß nicht unbedingt an dem kräftigen Hauswein liegen; der Dampf aus der Küche trägt sicherlich seinen Teil dazu bei. Das Essen ist aber wirklich gut und für 8.000 Lire kann man ein komplettes Menu bekommen. Ob wohl die Lage des Restaurants, direkt neben dem Gefängnis von Rom, zu den günstigen Preisen beisteuert?

Sacra del Vino, *Via Manziale 5 – Balduina*
Früher sehr häufig von Mitarbeitern der RAI besucht. Hier ißt man gut für wenig Geld. Das Lokal ist immer voll. Guter Hauswein.

Ristorante Pino e Dino, *Piazza di Monte Vecchio 22 – Centro*
Wer aufmerksam die Restaurantbesprechungen verfolgt, wird vielleicht schon auf diesen Namen gestoßen sein. Auf einem kleinen Platz sitzt man an gemütlichen Tischen im Freien, die antiken Häuserfassaden um die Via Coronari, der Antiquitätenstraße, als Kulisse. Das Restaurant ist ein Feinschmeckerlokal und für einige Gerichte muß man auch etwas mehr bezahlen; aber warum sollte man nicht auch einmal richtig schick ausgehen? Und dieses Restaurant lohnt einen Besuch bestimmt.
Zuvorkommende Behandlung für Inhaber dieses Buches.

Filetti di baccalá, *Largo dei Librari – Centro*

Ein ungewöhnliches Restaurant, das sofort einen Platz im Herzen eines jeden Fischliebhabers finden wird. Baccala ist der auf ganz besondere Art zubereitete Stockfisch, der als wirkliche Delikatesse auf den Tisch kommt. Dieses Restaurant ist auf Stockfisch spezialisiert und bereitet ihn wirklich meisterhaft zu. Das Lokal ist bislang von den Touristen noch unentdeckt und man wird hier ganz typisch römische Szenen erleben können.

Trattoria Augusto, *Piazza Renzi – Trastevere.*

Der Besitzer ist von einer ausgesprochenen Herzlichkeit, die er hinter seiner rauhen Schale zu verbergen sucht. Das Lokal ist recht klein und von vielen Römern besucht, wie man unschwer an den lautstarken, in römischen Dialekt geführten Unterhaltungen erkennen kann. Einfaches Essen, aber Spitze!

Da Alfredo e Alda, *Via dei Banchi Vecchi – Centro*

Ein altes römisches Ehepaar leitet diese kleine Trattoria. Sie betrachten jeden Kunden als persönlichen Gast, behandeln ihn sehr zuvorkommend und lassen sich gerne auf ein Gespräch ein. Guter Hauswein und typisch römische Gerichte. Kaum sechs Tische passen in die Gaststube – sympathische, fast familiäre Atmosphäre.

10 % Nachlaß für Inhaber dieses Buches.

Ausländische Küche

Wie eingangs erwähnt, gibt es nur wenige Restaurants mit ausländischer Küche in Rom, und ohne gezielte Adressenangabe würden Sie wohl nur zufällig auf sie stoßen. Preiswerter ißt man auf jeden Fall in den römischen Restaurants.

La città d'Oro, *Via Nomentana 79 (855001)*

Ruhetag: Montag. Am Anfang der Via Nomentana liegt dieses einfache und preiswerte chinesische Restaurant. Die üblichen plattgehauenen, kandierten Enten gibt's ganz günstig.

Toyko Restaurant, *Via di Propaganda 22 – Centro (6783942)*

Ein japanisches Restaurant in der Nähe der Piazza Spagna.

Taverna Greca, *Via Della Pelliccia – Trastevere (5803556)*
Ruhetag: Dienstag. Gemütliches Lokal mit griechischer Küche, in dem man bei Kerzenlicht und Musik kulinarische Spezialitäten aus Griechenland probieren kann.

Ristorante Viennese, *Via della Croce 21 – Centro (6795569)*
Ruhetag Mittwoch. Wer nach zwei Wochen von welscher *paaaaasta* die Nase voll hat, wird die östereichische Küche mit deftigen Salaten und Schnitzeln voll genießen. Empfehlenswert ist auch die vorzügliche Sachertorte.

Taverna Negina, *Borgo Vittorio 92 – Prati (6565143)*
Arabisches Spezialitätenrestaurant und nicht zu teuer. Couscous mit Huhn oder Hammelfleisch, Merguez und *thaina mit ceci* sind einige seine kulinarischen Gaumenfreude. Das marmeladenartige rote Zeugs, was normalerweise zu allen Hauptgerichten serviert wird, heißt *Harrissa* und ist höllisch scharf, wenn es nicht schon für Touristen mit Tomatenmark u.ä. gestreckt wurde, verursacht außerdem auch Schweißausbrüche, bringt die Haare zum Stehen und klärt den Kopf. In einer offenen Blechbüchse im Kühlschrank aufbewahrt, frißt es diese in einer Woche durch.

Chef du Village, *Via del Governo Vecchio 125-127*
- Centro storico (6568693)
Ruhetag: Montag, geöffnet von 20 bis 24 Uhr. Restaurant, Teesaal, Eisladen und American Bar. Exotische Innenausstattung sowie arabische und französische Küche. Cocktails aus aller Welt.

Surya Mahal, *Via Ponte Sisto 67 – Trastevere (5800694)*
Ruhetag: Montag, geöffnet bis 1 Uhr. Ein Spezialitätenrestaurant mit indischen Gerichten. Auch die Raumausstattung ist im indischen Stil gehalten. Man darf vorher erst einmal probieren. Ein herrlicher Innengarten. Das Lokal bietet auch Yogaunterricht sowie indische Tanz- und Kochkurse an.

Hong Kong, *Via Monterone 14 – Centro storico (6541687)*
Ruhetag: Montag; raffinierte chinesische Küche.

Thien Kiem, *Via Guilia Novembre 201 – Centro storico (6798334)*
Ruhetag: Montag; intimes und elegantes chinesisches Restaurant mit traditionellen Gerichten und Spezialitäten.

La Gaida, *Via Quattro Novembre 137 – Centro Storico (5809449)*
Ruhetag: Montag; sympathisches, Restaurant Chinarestaurant mit Ambiance. Viele vortreffliche Spezialitäten vom Chef.

Manuia, *Vicolo del Cinque 54 – Trastevere (5817016)*
Ruhetag: Sonntag; geöffnet bis 2 Uhr. Internationale Küche mit arabischen Spezialitäten. Jeden Abend Piano-Bar mit brasilianischer Musik und Jazz-Fusion. Viele kommen wegen der Musik und weniger wegen des Essens.

Da Amato – La Paella, *Via Garibaldi 62 – Trastevere (5809449)*
Gaumengemüse aus Spanien und Frankreich. Und eine erfrischende Sangria. Das Lokal ist einzigartig in Rom für die Auswahl seiner Gerichte.

Le Cabanon, *Vicolo della Luce 4-5 – Trastevere (5818016)*
Ein algerisches Paar leitet dieses Restaurant mit französischer Küche. Als besondere Attraktion singt der Besitzer seinen Gästen am Klavier sanfte Lieder vor.

Pizzeria

Wie schon anfangs erwähnt, ist die Pizzeria nicht nur ein Restaurant, sondern vor allem ein beliebter Jugendtreff. Aber auch ganze Familien finden sich hier ein. Hier achtet man auch nicht auf Tischmanieren und formelle Unterhaltung. In den Pizzerien geht es meist sehr lustig, laut und freundlich zu. Oftmals sitzt man gemeinsam an langen Tischen, ißt mit den Händen und trinkt sein Bier. Für den kleinen Hunger unterwegs gibt es auch die sogenannten "Pizza al Taglio" von einem großen Pizzablech läßt man sich je nach Hunger verschieden große Stücke geben lassen. Die angegebenen Preise gelten für 100-Grammstücke; jedes Stück wird abgewogen. Unmöglich hier alle oder auch nur alle guten Pizzerien aufzuzählen. Es gibt fast soviele wie Bars. Die hier genannten befinden sich überwiegend im Zentrum.

Pizza House, *Tel. 443943/493850*
Telefonischer Service, der Ihnen die gewünschte Pizza direkt nach Hause, ins Hotelzimmer oder an den Picknickort bringt.

Ivo a Trastevere, *Via San Francesco a Ripo 137 (5817082)*
Im Zeichen des Fußballs steht diese Pizzeria. Die Pokale und Urkunden bezeugen die sportliche Vergangenheit ihrer Besitzer. Verschieden große Pizzen, köstlich im Geschmack und nicht teuer. Je nach Jahreszeit bietet Ivo seinen Gästen kleine Extras an, wie eine Rieseneisbombe, bruschetta, Obstsalat oder Ähnliches. Tische im Freien.

Nico, *Viale Trastevere 69-71 (5894311)*
Eine der größten, bekanntesten und ältesten Pizzerien in Rom. Hier trifft sich wirklich alles. Es herrscht ein ständiges Kommen und Gehen. Die Pizzen lassen das Wasser im Munde zusammenlaufen und die Preise das Herz höher schlagen. Tische im Freien, zu denen regelmäßig Straßenmusiker kommen und von denen man das rege Treiben auf der Viale Trastevere verfolgen kann.

Mennuti R., *Piazza Campo di Fiori 39 – Centro (6877992)*
Auf dem romantischen Platz fern des Autolärms sitzt man hier im Freien bei einer guten Pizza. Außerdem auch andere einfache Gerichte.

Montani Natalucci, *Via Campo Marzio – Centro (6782661)*
Immer hoch her geht es in dieser Pizzeria. Die Tische stehen so nahe beieinander, daß sich der Kellner gerade noch durchzwängen kann. Wenn Ihre Nachbarn Ihnen zwar nicht gerade auf dem Schoß sitzen, so hockt man doch so eng beieinander, daß Sie gleich mit Ihnen ins Gespräch kommen.

Il Mara teneta, *Via dei Sardi 20 – San Lorenzo*
Ruhetag: Sonntag, geöffnet bis 24.15 Uhr. Ein wirklich nettes Lokal mit gutem, sehr preiswertem Essen. Lebhaft-lautes und lustiges Arbeitervolk als Stammgäste.

Il Tulipano Nero, *Via Roma Libera 15 – Trastevere (5818309)*
Ruhetag Mittwoch, geöffnet bis 2 Uhr. Die schmackhaften Pizzen und Spaghettigerichte stehen in einem guten Verhältnis zu den günstigen Preisen. Im Sommer stehen Tische auf der Piazza S. Cosimato.

Luciani P., *Via Prefetti 34a – Centro (6797030)*
Wer eine gute Pizza *al taglio* (nach Gewicht berechnet) möchte, kommt hierher. Rustikale Holztische laden zum Verweilen ein.

Ricci Pizzeria, *Via Genova 32 – Via Nazionale (461107)*
Am Ende der Sackgasse ganz versteckt gelegen, tut dies der Qualität der Pizzen jedoch nicht den geringsten Abbruch. Im Gegenteil!

Pizzeria Bafetto, *Via del Governo Vecchio 114 – Centro*
Die Leute, die man täglich bis zu einer halben Stunde auf einen freien Tisch warten sieht, bezeugen die Qualität und Beliebtheit dieses Lokals. Immer voll und laut ist es hier, Die Pizza ist aber erstklassig und die Preise sind durchaus verlockend.

Pizza al taglio gibt es überall in der Stadt. Einige Beispiele:

Pantheon *– Via del Pozzo*
Piazza Navonna *– Via Tor Millina*
Ottaviano *– Viale Guilio Cesare und Viale Barbetta*
Fontana di Trevi *– Via S. Vincenzo*
Piazza Vittorio Emanuele *– Via Leopardi und Via Merulana*
Trastevere *– Viale Trastevere und Via San Francesco a Ripa*
Campo di Fiori *– auf dem Platz und Via Guibbonari*

Rosticceria und Tavola Calda

Das sind die ursprünglichen Schnellimbisse, die vor allen Dingen mittags von der arbeitenden Bevölkerung genutzt werden. Man kann hier auch einige Grundnahrungsmittel kaufen. Praktisch für alle, die erst am Sonntagmorgen oder in der Mittagspause der Geschäfte bemerken, was alles zuhause fehlt. Die Tavola Calda hat Sitzgelegenheiten, im Gegensatz zur Rosticceria. Das Essen besteht aus einfachen italienischen Gerichten und man kann meist zwischen zweien oder dreien wählen.

Antroprometrico, *Via Properzio 31-33 – Prati (6879649)*
Ruhetag: Sonntag, geöffnet bis 1 Uhr. Eine Snackbar, ein Pianist und im hinteren Raum auch ein kleines Restaurant mit kleinen kulinarischen Genüssen bis 24 Uhr. Besonderheit: jeder Tisch hat ein Telefon, mit dem seine Bestellungen an die Kellner telefonisch aufgeben kann.

Rosticceria Di Pietro, *Piazza Porta San Paolo 7 – Ostiense (5780252)*
Ruhetag: Dienstag, geöffnet bis 23.30 Uhr. Wen soweit vom Zentrum entfernt plötzlich der Heißhunger überfällt, dem kann geholfen werden.

In dieser bekannten Rosticceria kann er sich zu guten Preisen an typisch italienischen Speisen guttun.

Alas, *Via Leone IV 64 – Trifonale (351 602)*
Die Lokal gehört zu einer Kette von insgesamt vier Lokalen in der Stadt. Besonders gut sind hier die Hähnchen. Die anderen Lokale finden Sie in der Piazza Regina Margherita 5, Largo Cervina 20 und etwas außerhalb auf der Via Trionfale 6888.

Il Daino, *Circovallazione Ostiense 192 (5134718)*
Ruhetag: Montag. Eine große, fast restaurantähnlich Tavola Calda, in der auch Pizzen, Bier vom Faß, Grillfleisch und Porchetta serviert werden.

CAI A.R., *Corso Vittorio Emanuele 292 – centro (6541703)*
Modern eingerichtet, mit gutem Essen, aber auch Pommes Frites und Hamburger sind erhältlich.

Franchi Benedetto, *Via Cola di Rienzo 204 (6874651)*
Keine Sitzmöglichkeiten, aber günstige Preise für ein wirklich leckeres Essen.

sowie an folgenden Adressen:

Marini L., *Viale Trastevere 247 (582098)*
Carissimi, *Via Ripetta 32 – centro (390742)*
Al Picchio, *Via Lavatore 40 – centro (6781602)*

Fast Food

Langsam schwappt auch die Welle der Fast-Food Futterkrippen amerikanischen Stils nach Italien. Wir haben lange gezögert, sie hier aufzunehmen, aber uns dann doch gesagt, daß sie einfach eine Realität sind und deshalb auch beschrieben werden müssen. Sowieso – wenn Sie Ihre Kinder suchen – dort, nicht in den vatikanischen Museen, werden Sie sie finden. Ging die Tendenz vor einigen Jahren noch zur Profitmaximierung durch höhere Durchlaufgeschwindigkeiten bei relativ stabilem Angebot an Plastiknahrung, so hat man sich heute wohl eines besseren besonnen, experimentiert viel mit Salaten und ersinnt neue Gerichte. In Pilotprojekten wurde in den USA z.B. folgendes zur Steigerung des

Umsatzes erprobt: man kalkulierte eine durchschnittliche Verweildauer von vielleicht 7 Minuten ein. Der Kunde bekam mit seinem fertig verpackten Essen – am liebsten hätte er das Lokal verlassen sollen – einen Chip, den er in einen elektischen Zähler an einem der Stühle einwarf. Dieser erhob sich daraufhin in eine normale Sitzposition und senkte sich nach den 7 Minuten, so daß der Gast entweder eine Münze in den Automaten werfen oder den Laden verlassen mußte, wollte er nicht in absolut lächerlicher Stellung vor seinem Tisch hocken. Dieser Kelch nun blieb uns bisher erspart – die Zeiten sind wohl noch nicht reif dazu ... Lange hatte dieser Typ von "Restaurant" es schwer, Pizzastuben und Rosticcerien Konkurrenz zu bieten, aber allmählich kommen die Leute auf den Geschmack. Man beginnt Schlange zu stehen, um auch einen heißersehnten Hamburger oder einen Salat zu ergattern. Aber dennoch – im Vergleich mit Zuhause ist die Anzahl der Fast Food Läden verschwindend und beruhigend gering.

Big Burger, *Via Barberini – Centro*
Das ist das älteste Hamburger Restaurant in Rom. Es ist recht groß, erstreckt sich über zwei Etagen und befindet sich neben dem großen Kino an der Piazza Barberini. Besonders vor und nach den Vorstellungen drängen sich dort die Gäste. Hauptsächlich von Teenagern frequentiert.

Mc Donald, *Piazza Mignagrelli – Centro*
Nach unendlichen Schwierigkeiten und großer Werbekampagne ist es der McDonald Restaurantkette doch endlich gelungen, eine Lizenz für ihr Lokal an der Piazza di Spagna zu erhalten. Die Behörden fanden einen solchen Laden an einem so ehrwürdigen Platz und überhaupt in der ganzen Stadt fehl am Platze, doch die Firma ließ diese Absage nicht auf sich sitzen und eine Woche lang konnte man im Fernsehen bis zu 12 Stunden am Tag die Werbung und Stellungnahmen zu dem amtlich geschlossenen McDonald verfolgen. Am Ende siegte das Unternehmen. Der Andrang und die Neugier waren anfangs sehr groß. Die Geschäftsleitung hat sich in der Ausstattung dieses Lokals selber übertroffen und sich dem klassischen Stil der Italiener angepaßt. Marmosäulen und ein Mosaikbrunnen vermitteln die richtige Atmosphäre. Eine breite Treppe führt die Gäste in den Speisesaal, in dem ausschließlich hübsche Mädchen servieren. Auch die Salattheke mit ihrem frischen Grünzeugs ist allerdings nicht zu verachten.

Benny Burger, *Viale Trastevere 8-10 – Trastevere (5806334)*
Ruhetag Montag, geöffnet bis 1 Uhr. Klassischer Schnellimbiß mit Tischen im Freien während des ganzen Jahres.

Happy Time, *Circonvallazione Gianicolense 145 – Monteverde*
Ruhetag Mittwoch, geöffnet bis 3 Uhr. Junges, freundliches Lokal. Ein Schnellimbiß in Verbindung mit der Tavola Calda.

Jonny Burger, *Via del Leoncino 38 – Centro storico (6784458)*
Ruhetag Montag, geöffnet von 9.00 bis 1 Uhr. Neben dem normalen Imbißessen frischgepreßte Fruchtsäfte und einige italienische Speisen.

Paul Burg, *Via Corinto 2 – San Paolo*
Geöffnet bis 24 Uhr. Italienischer Fast Food, belegte Brote, Bier und als Spezialität den Shrimpburger. Das Lokal befindet sich außerhalb des Stadtzentrums bei der Basilika San Paolo.

Royal Burger, *Via dei Colli Portuensi 172 – Monteverde (5313695)*
Ruhetag Montag, geöffnet von 1 bis 0.30 Uhr. Bis auf eine halbe Stunde ist dieser Fast Food immer geöffnet. Tische im Freien, Fernsehen und Musikvideos.

Speedy Burger, *Via Paolo Emilio 17 – Prati (3581168)*
Ruhetag Sonntag, geöffnet bis 0.30 Uhr. 200 Sitzplätze bietet dieses Lokal, wo man im Rhythmus der Videomusik vom Hamburger zum frischen Salat alles essen kann.

Tex, *Via Tuscolano 1822 – Cinecitta (7486665)*
geöffnet von 10 bis 1 Uhr. Ganz in der Nähe der Endstation der U-Bahn Linie A, Anaghina, liegt dieser Fast Food, in dem es auch Pizza und Spaghetti gibt. Tische im Freien und niedrige Preise. Viele Studenten kommen hierher, da die zweite Universität von Rom in der Nähe liegt.

Italy & Italy, *Via Cola di Rienzo 156 – Prati*
Ganz neu aufgemacht ist das das erste "fast food all'italiana". Was bedeutet dies aber? Ähnlich wie in den ähnlichen Läden erhält man hier seine Ware an der Theke und verzehrt sie an einem der Tische in dem modernen Speisesaal. Spaghetti sind aber fester Bestandteil jedes Gerichts. Verschiedene Menus stehen auf der Karte, z.B. Menu Italy medionale, das aus Spaghetti, einem Salat von der Salattheke und einem Bier besteht (8.900 Lire), oder das Menu Italy internationale, wieder mit

Spaghetti, einem Hamburger, Frites und einer Cola zum Preis von 7950 Lire. Besonders clever die Ausgabe eines Ausweises, il Tesserino, auf dem jedes gekaufte Menu verzeichnet wird. Jeder siebte Einkauf ist dann kostenlos.

Bar und Pasticceria

Die Bar ist der beste Freund der Italiener; sie gehen bis zu zehn mal am Tag dorthin. Fünf Minuten an der Theke stehen und einen Espresso, Apperitif oder Durstlöscher trinken, das gehört einfach zu jeder Begegnung, zu jeder Pause, zu jedem Ausgehen dazu. Klar also, daß an jeder Ecke mindestens eine Bar zu finden ist. In ihrer Ausstattung, ihrem Publikum und Angebot unterscheiden sie sich natürlich sehr. Sitzplätze in einer Bar sind übrigens untypisch; die Italiener würden sie kaum benutzen. Sie nehmen ihr Getränk lieber im Stehen ein, wie im Vorbeigehen, als Pause oder Aufhänger für ein Gespräch. Nur wenn es die Räumlichkeiten erlauben und vor allen Dingen in der Nähe touristischer Attraktionen, wie der Piazza Navonna, dem Pantheon und der Piazza di Spagna werden Tische, vielfach im Freien, aufgestellt. Die Preise an den Tischen liegen auch etwas höher, da sie den Service miteinbeziehen müssen. Die größten Bars sind etwa mit unseren Cafés zu vergleichen, was ihr Angebot betrifft. Sie verkaufen kleine, süße Teilchen (paste), Eis, belegte Brote (tramezzi), Säfte, Milchshakes und alle erdenklichen Getränke. Darüberhinaus ist die Bar auch eine Art "Laden für alles": man findet also durchaus abgepacktes Gebäck und Brot, Geschenkartikel, Postkarten, Rasierschaum, Toilettenpapier und Getränke zum Mitnehmen. Mit einem Schild besonders gekennzeichnete Bars verkaufen auch Milchprodukte, Briefmarken und Tabakwaren, Fahrtausweise und können Annahmestellen der Lotterie sein.

Auf die Art kann man abends noch die nötigsten Dinge besorgen, die man mal wieder vergessen hatte einzukaufen oder – man bleibt in einem interessanten Gespräch gleich hängen.

Ein Espresso kostet im Durchschnitt 700 Lire, ein Capuchino 1.200 Lire, ein Teilchen 500-1.000 Lire und ein Campari 2.500 Lire. Unmöglich hier alle Bars aufzuzählen; davon gibt es einfach zu viele. Hier also nur die ausgefalleneren und preiswerteren Cafes mit Sitzplätzen im Zentrum:

Allemagnia, *Via del Corso 181 – Centro*
Ruhetag Sonntag. In der Mitte zwischen Piazza Venezia und Piazza del Popolo an der wichtigsten Straße des Zentrums gelegen und eine der ältesten Bars von Rom. Elegant und gediegenen, mit viel Atmosphäre und hervorragendem Service. Auch im Freien stehen einige Tische. Ein reiches Angebot an Cocktails, Konditoreiwaren, eine moderne Snack-Bar und im Hause hergestelltes Eis gehören zu den Attraktionen dieses Lokals. Darüberhinaus verfügt "Allemagnia" über einen Party-Service, der Ihnen nicht nur das Menu erstellt, sondern auch gleich die passenden Räumlichkeiten vermietet. Große Auswahl an Geschenkpackungen, die auf Wunsch auch mit einer persönlichen Note versehen werden.
10% Rabatt für Inhaber dieses Buches.

Bar Tre Scalini, *Piazza Navonna – Centro (6541996)*
Eines der berühmtesten Lokale in Rom auf der Piazza Navonna. Häufig als Treffpunkt auserkoren, bietet diese Bar wirklich alles. Oben werden kleinere Speisen und Tee in intimer Atmosphäre serviert. In der Bar ausgezeichnetes Eis, hervorragender Kaffee und gute Apperitifs.

Zodiaco, *Viale Parco Mellini 90*
Der Aufstieg zum Zodiaco, der Sternwarte Roms auf dem Monte Mario lohnt sich. Die Aussicht ist sagenhaft schön, man kann die ganze Stadt überblicken. Wer eine Stärkung von dem Aufstieg von etwa 10 Gehminuten braucht, erhält sie an der Bar. Es stehen auch Tische am Aussichtsplateau.

Bar Ciabattini, *Viale delle Milizie 117 – Prati*
Ruhetag Sonntag; bemerkenswert aufgrund der langen Öffnungszeiten: bis 3 Uhr nachts kann man hier Kaffee und die verschiedensten Arten von Feuerwasser erhalten.

Caffe Creco, *Via Condotti 68 – Centro*
Die älteste und schönste Bar in Rom. 1760 gegründet, ist sie schon fast zur Sehenswürdigkeit erklärt worden. Persönlichkeiten wie Goethe, Baudelaire, D'Annunzio, Liszt, Mendelson, Schopenhauer und Wagner gingen hier schon ein und aus. Seit zwei Jahrhunderten ist es auch heute noch Treffpunkt für alle, die etwas auf sich halten.

Bar Antile, *Via Tomacelli 15 – Centro storico*
Sonntag Ruhetag; gegenüber den zwei Tageszeitungen "La voce Republicana" und "Il Manifesto" ist die Bar Antile besonders von Journalisten, Druckern und Fotografen bevölkert. Sie ist sehr beliebt für ihre regionalen Spezialitäten, wie die venezianische Milch "baicoli", die echten "krumiri" aus Piemont und dem besten Eiskaffee der Stadt. Seit einiger Zeit stehen auch die Cocktails hoch im Kurs: man reicht zu jedem Getränk Salzgebäck: die einfallsreichsten Mischungen werden hergestellt und eine reiche Auswahl ist garantiert.

Gran Cafe Doney, *Via Veneto 145 – Ludovisi*
Montag Ruhetag. Lange an das Gedenken Fellinis gebunden. Tische im Freien mit großen Sonnenschirmen. Es besteht die Möglichkeit, bekannten Persönlichkeiten zu begegnen, sei es die Filmschauspielerin, der Produzent oder der reiche Geschäftsmann. Die Cocktails erinnern in ihren Namen auch an Fellini, wie "Dolce vita doney".

Antico caffe della pace, *Via della Pace 3-7 – Centro (656121169)*
Sonntagvormittag Ruhetag. Geöffnet bis 2 Uhr. Das absolute Szenenlokal und Insidertip der Jugend. Tagsüber ständig wechselndes Publikum. Abends Pianobar von Enzo Pitta und gemischtes, alternatives Publikum. Eines der wenigen wirklich gemütlichen Lokale. Das Haus stammt aus dem 19. Jahrhundert. Im Sommer stehen die Tische auch draußen auf dem kleinen Platz vor der alten Kirche della Pace. Es ist ganz leicht zu finden; von der Mitte der Piazza Navona führt eine kleine Straße direkt darauf zu. Es gibt Kaffee, Weine, Cocktails, Kuchen. Abends werden die Preise etwas angehoben.

Bar Bianchi, *Via Ostiense 197 – Ostiense*
Samstag Ruhetag. Geöffnet bis 1.30 Uhr; Alberto und Stefano laden mit guter Musik und Tischen im Freien etwas außerhalb des Zentrums zu einem guten Eis, Cocktails oder einem Kaffee ein.

Bar Belvedere, *Viale America 250 – EUR (5914930); Montag Ruhetag*
Geöffnet bis 3 Uhr. Am See des Regierungsviertels EUR liegt diese Snackbar, die von Videospielen über Bier vom Faß und belegten Brötchen zum Milchshake und Eisbechern alle Möglichkeiten bietet, einen netten Abend zu verbringen.

Bla Bla Bar, *Via dei Delfini 23 – Centro storico (67866036)*
Sonntag Ruhetag. Geöffnet von 7 bis 21 Uhr; wenig zu essen aber viel gute Jazzmusik bietet diese Bar. Sie ist in Gelb und Rot gehalten, mit einer enormen Theke in der Mitte.

Caffe della Scala, *Via della Scala 4 – Trastevere (5803610)*
Donnerstag Ruhetag; geöffnet von 8 bis 1.30 Uhr. Caffe, Bistro, Pianobar, so bezeichnen es die Inhaber selber. Das Cafe ist wirklich wie ein französisches Bistro aufgezogen. Es läuft gute Jazzmusik und meist ist es sehr voll. An einigen Abenden spielt eine Band.

Bar Castellino, *Piazza Venezia (Ecke Via Cesare Battisti) - Centro storico (6792404).*
Sonntag Ruhetag; geöffnet bis 4 Uhr. Im Herzen Roms fast rund um die Uhr geöffnet, Tische im Freien, Eis, Cocktails, Bier, Zigaretten und Schmuck.

Fratelli Romagnoti, *Via La Spezia 30 – San Giovanni (7553623);*
Montag Ruhetag; geöffnet bis 1 Uhr. Etwas außerhalb im Stadtviertel San Giovanni liegt diese Bar, die neben dem normalen Barbetrieb auch gutes Eis anbietet. Tische im Innengarten.

Garden Bar, *Viale America 143 – EUR (5913845)*
Sonntag Ruhetag; geöffnet bis 4 Uhr. Wie der Name schon sagt, besitzt diese Bar einen wunderschönen Garten, der bei Regen überdacht werden kann. Großes Angebot an Getränken und kleinen Eßwaren.

High Five Cafe, *Corso Vittorio Emanuele 286 - Centro storico (6569340)*
Geöffnet bis 2 Uhr. Klein aber oho ... besonders für Video-Fans. An fünf Fernsehgeräten verfolgt, wer Lust hat, bei einem Cocktail oder Kaffee die neuesten Musikvideos.

Il piccolo Ristoro, *Via Ottavilla 16 – Monteverde (5800082)*
Sonntag Ruhetag; geöffnet von 6.30 – 0.30. Neben dem normalen Barbetrieb sind hier besonders die Backwaren zu empfehlen.

Long Night Bar, *Circonvallzione Triofale 73-75 – Prati*
Montag Ruhetag. Rund um die Uhr geöffnet; gegen 4 Uhr morgens trifft man hier die seltsamsten Gestalten.

Bar Marcello, *Via Volpato 35 – Marconi (5556195)*
Sonntag Ruhetag; um jede Uhrzeit findet man hier noch Leute. Die
ganze Nacht geöffnet, mit Snackbetrieb und Eisverkauf.

New Las Vegas, *Via La Spezia 62 A-B – San Giovanni (7551704)*
Mittwoch Ruhetag; geöffnet von 7 bis 1.30 Uhr. Ein ganz typisches ame-
rikanisches Lokal mit Videospielen und Videolaser, sowie dem Angebot:
Hamburger plus Frites plus Bier für 4.000 Lire. Viele Teenies und niedrige Preise.

Only One, *Piazza della Maddalena 4 – Centro storico (6543348)*
Geöffnet von 9 bis 2 Uhr. Zwei Schritte vom Pantheon entfernt. Man
kann es gar nicht übersehen durch die Spots, die im Takt der Musik aus
der Videoanlage aufleuchten und erlöschen.

Venice L.A. Bar, *Via del Boschette 132 – Via Cavour (485900)*
Sonntag Ruhetag; geöffnet von 12 bis 24 Uhr; interessante Mischung
zwischen Reisebüro, Kartenvorverkaufsstelle für Konzerte und Bar.
Ständig laufen die neuesten Musikvideos und Interviews mit den Stars.
Live werden Modenschauen und Konzerte organisiert.

Cercopiteco, *Via dell' Angeletto 13 – Via Cavour*
Sonntag Ruhetag. Im Herzen Roms liegt diese kleine gemütliche Bar,
mit ihren vorzügliche Cocktails.

Vanni, *Via Frattina 24 – Centro*
Montag Ruhetag. In einer der zauberhaftesten Straßen Roms gelegen;
von den Tischen kann man die Vorübergehenden beobachten und die
romantische Atmosphäre genießen. "Vanni" bietet allen etwas: vom
Getränkt über Eis und Snacks zum Kuchen. Wer es vorzieht, in einer
ruhigen Ecke zu sitzen, kann in den auf zwei Etagen gelegenen Räumen
Platz nehmen, in denen eine elegante und intime Atmosphäre herrscht.
Ein zweites Vanni bekannt für sein gutes Eis befindet sich in der Via Col
di Lana – Prati / Piazza Mazzini.
10% Nachlaß für Besitzer dieses Buches.

Pasticceria – Tavola Calda Cottini, *Via Merulana 287*
- Esquilino (4740768)
Hier kann niemand ungeschoren vorbeigehen. Diese Pasticceria, die
auch kleine Pizzen, köstlich runde Teigkreationen, Cocktails und frisch
gepreßte Säfte verkauft, übertrifft alle Erwartungen. Der Andrang

beweist es. Appetitlich dekoriert, verlockt allein der Anblick und der Duft zum Essen. Versuchen Sie ruhig auch ausgefallene Teigwaren, Sie werden sich wundern, wie gut sie schmecken.

Cecere, *via S. Francesco a Ripa – Trastevere (5800096)*
Diese Pasticceria hat rund um die Uhr, außer morgens zwischen 5 und 6 Uhr geöffnet. Torten und Teilchen werden ofenfrisch angeboten. Wem die warmen Cornetti zu langweilig erscheinen, sollte einmal die vorzügliche Torta scozzese und Pan di Spagna probieren.

Pasticceria Boccione, *Via del Portico d'Ottavia 1 (6567361)*
Schon von weitem ziehen Sie die Düfte unwiderstehlich in diese Richtung. Die Bäckerei ist winzig klein, die Qualität der Backwaren aber überdurchschnittlich gut: Quarkteilchen, weiche *Amaretti* und *Pizze con canditi* sind besonders zu empfehlen.

Latteria, *Via della Lungaretta 161 – Travestere*
Ein sehr altes Lokal das, obwohl es gerade renoviert wurde, seine romantische Atmosphäre bewahrt hat. Tische mit echten Marmorplatten, und verzierten Eisenbeinen. Nicht selten werden hier Filme gedreht. Viele römische Kartenspieler haben sich hier niedergelassen. Es ist richtig spannend, sie bei ihrem Spiel zu beobachten.

Latteria, *Vicolo del Gallo 4 – centro*
Abseits des Touristenrummels liegt diese kleine Bar in der Nähe der Piazza Farnese. Zu Minimalpreisen erhält man hier alle Milchgetränke; besonders die heiße Schokolade ist gut. Dazu werden *cornetti* und andere Teilchen gereicht. Tische auch im Freien.

La Chiave, *Via Sora 33 – centro*
Man glaubt es nicht, wenn man davor steht, doch hinter diesem unscheinbaren Eingang verbirgt sich wirklich eine kleine Einkaufsstraße. Drei Geschäfte und eine Bar mit Sitzgelegenheiten sind hier untergebracht. Sie gehören alle demselben Besitzer. Fern des Autolärms und der Hektik auf der Strqße, fühlt man sich augenblicklich in eine andere Welt versetzt – so ruhig und entspannt wirkt hier die Atmosphäre. Bei einem guten Kaffee erholt man sich dann schnell von den Anstrengungen der Stadt.

Eisläden und Frullati

Giolitti, *Via Ufficio del Vicario, 40 – Centro storico (6794206)*
Montag Ruhetag; geöffnet von 8 bis 2 Uhr. Wer kennt nicht das Giolitti, den ältesten Eisladen von Rom mit dem berühmten Champagnereis? Natürlich sind auch sonst unzählige köstliche Eissorten vorrätig, vom Marzipaneis über Kokosgeschmack und Zabaione zu den vielen Fruchtsorten. Man kann sich auch an die Tische setzen; das Lokal ist im Stil Liberty eingerichtet. Ein Besuch hier gehört zum Romaufenthalt unbedingt dazu.

La Fonte della Salute, *Via C. Marmaggi 2 – Trastevere (5897471)*
Dienstag Ruhetag – im Sommer nie – geöffnet bis 2 Uhr. Der einzige Ort in ganz Rom, an dem es ab 21 Uhr heiße, ofenfrische, mit Eis gefüllte, Cornetti gibt.

Gelateria Mariani, *Via Sestio Calvino 88 – 90 Cinecitta (7485620)*
Geöffnet bis 24 Uhr. Für Leute, die sich etwas außerhalb, im Herzen der Cinecitta befinden. Eis aus eigener Herstellung. Auch für den ausgefallensten Geschmack wird eine Eiskreation, von Bruno geschaffen, dabei sein.

Bar Gelateria Tony, *Circon. Gianicolense 143-7*
– Monteverde (53007)
Montag Ruhetag; geöffnet bis 2 Uhr. Ganz moderner Eisladen, der sich durch die hervorragende Qualität seines Eises einen guten Namen gemacht hat.

Bar, *Via Andrea Doria – Balduina*
Meiner Meinung nach das beste Eis der Stadt, aus eigener Herstellung und von fantastischem Geschmack. Leider werden nur wenige Sorten angeboten.

Il Planeta del Gelato, *Piazza Frigierie*
Etwas außerhalb des Stadtzentrums in der Nähe der Piazza della Baldiuna. Großzügiges Lokal mit gutem Eis. Sitzplätze im Freien.

Palazzo del Freddo, *via Principe Eugenio 65 – Esquilino (7316539)*
Ein herrlicher Eissalon, mit Frullati und vielen Eissorten in der Nähe der Piazza Vittorio Emanuele. Wurde bereits im Jahr 1880 eröffnet.

Gelateria della Palma, *Via della Maddalena*

Ein sehr großer Eisladen, in dem die herrlichsten Eissorten, mit Früchten garniert, zum Naschen verführen. Es ist die Konkurrenz des um die Ecke gelegenen Giolitti, da es mit seiner Auslage mehr Kunden anzieht und im Geschmack um nichts dem Eis seines berühmten Nachbarn nachsteht. Ebenfalls Barbetrieb.

Frullati, *Via Argentina – Centro*

Ganz unscheinbar wirkt diese Bar. Dabei handelt es sich um die älteste Frullateria in Rom. Sie ist abends immer voll; alles drängt sich, an einen der Fruchtmilchshakes zu kommen. Besonders empfehlenswert die "Marsala all'uovo", ein Milchshake mit Marsala und einem Ei. Das ist ein typisch sizilianisches Getränk; auf jeden Fall mal versuchen.

La dolce vita

Rom ist die Stadt der Künste und der Unterhaltung. Die Möglichkeiten sind kaum überschaubar. Fast täglich stoßen Sie auf ein neues Lokal, täglich gibt es irgendeine besonderen kulturelle Veranstaltung, zu der Sie liebend gerne hingehen würden. Das Schöne dabei ist, daß man mit etwas Geschick, nicht einmal viel für sein Vergnügen ausgeben muß. Wer Italienisch versteht, dem kann ich vor Festlegung seines Abendprogramms nur raten, einen Blick in die Tageszeitung zu werfen. Fast immer finden interessante und oft kostenlose Veranstaltungen experimentellen Charakters statt. Filmvorführungen, Modenschauen, Discoabende, Vernissagen u.a. wechseln in bunter Folge.

Es gibt aber auch Abende, an denen man spontan losgeht und sich einfach gemütlich ins Lokal setzen möchte, ohne allzuviel organisatorische Künste zu entfalten; oder aber man freut sich schon seit Monaten, daß gerade während des Aufenthalts auch die eigene Lieblingsband auftritt. An solchen Abenden kann es teuer werden, denn wenn die Römer zur Kasse bitten, dann auch gleich mit gesalzenen Preisen. Weder Theater, Kino, Oper noch ein Bier in einem Lokal sind billig. Besonders zu letzteren, den Lokalen, sollte man vielleicht noch etwas mehr sagen. Lange Zeit gab es keine gemütlichen Kneipen oder Cafes, in denen man stundenlang sitzen konnte. Das hatte verschiedene Ursachen. Zunächst mal bestand überhaupt kein Grund, die warmen Nächte in einem verrauchten Lokal zu verbringen – man saß lieber im Freien. Zweitens war das Familienleben viel ausgeprägter, und es war absolut unüblich, daß Mädchen alleine ausgingen. Zuletzt liegt es eher an der Natur der Italiener, aktiv zu sein: wie etwa ans Meer zu fahren oder Bowling zu spielen, anstatt an einem Tisch zu sitzen und zu reden. Eine Ausnahme gibt es – und das ist das Essen! Wenn man ausging, um zu reden, zu feiern und zusammen zu sein, ging man essen. Meist eine Pizza.

Unter dem Einfluß der Touristen und dem Wandel der Gesellschaft entstanden immer mehr Lokale: Nach der Pizzeria zunächst die Paninoteca, ein Lokal, in dem zu Bier oder Wein belegte Brötchen angeboten werden. Danach folgte die Kneipe, oft mit einer Piano Bar und immer mit einer eifrig genutzten Speisekarte. Erst in den letzten Jahren entstanden einige typische Kneipen, in denen wirklich hauptsächlich nur getrunken wird und diese haben noch schwer um Kunden zu kämpfen.

Noch ein letztes Wort zu den "tessera": als vor einigen Jahren sehr viele Kneipen aufmachten, erließen die Behörden einen Lizenzstop. Niemand sollte mehr ein Lokal eröffnen. Doch zahlreiche, gewiefte Interessenten umgingen diese Bestimmung, indem sie sich als Privatclub oder "associazione culturale" anmeldeten. Diese hatten auch Schankerlaubnis, wenn sie eine gewisse Zahl an Mitgliedern und ein Kulturprogramm vorweisen konnten. Die Folgen sind, daß der Gast beim ersten Besuch oft rund 4000 Lire für eine Tessera (Mitgliedskarte) los wird, dafür aber allerdings auch garantiert etwas geboten bekommt, sei es eine Kunstausstellung, ein Konzert oder einen Film.

Nachstehend eine kleine Auswahl. Ich hoffe, daß die angegebenen Adressen nicht Ihr Budget sprengen und Sie sich gut amüsieren werden. Lassen Sie sich nicht durch weite Wege abschrecken – wo ein Lokal ist, sind gewiß auch noch andere zum Selbsteintdecken.

Eine Häufung von Lokalen aller Art finden Sie in Trastevere. Auch wenn sie hier etwas versteckter liegen, gibt es im Gassengewirr von Trastevere unzählige davon. Schauen Sie ruhig überall mal rein, hinter einer häßlichen und alten Fassade, verbirgt sich so manches Kleinod.

Lokale: Bier- und Weinstuben

Für römische Verhältnisse ist es eigenartig, diese beiden Begriffe in einem zu nennen. Denn die Birreria ist für den Italiener das nette Lokal, in dem immer Stimmung ist und in dem man etwas essen kann. Unter Weinstube versteht er zunächst die "enoteca" und das ist ja wirklich etwas anderes. Denn ähnlich wie bei den Bars nimmt man hier seinen Wein im Stehen ein, knabbert eventuell an etwas Gebäck und zieht schnell wieder weiter. Aber keine Angst, Weinfreunde, in den letzten Jahren hat sich auch hier einiges getan und wenn sie auch etwas verstreut liegen, so gibt es doch einige gemütliche Weinstuben, in denen man sich auch setzen kann.

Ein Essenszwang hier und in den folgenden Lokalen besteht nicht.

Andy Capp, *Via Assisi 11/A – Tuscolano (7856794)*
Ruhetag: Montag geöffnet bis 0.30 Uhr. Etwas außerhalb, aber sehr preiswert. Es gibt nicht nur Pizzen, sondern auch einfache italienische Küche und Bier vom Faß.

Asterix, *Via Lolli della Serpentara 15 (Centro Commerciale)*
- Montesacro (8131900)
Sonntag Ruhetag, geöffnet bis 2 Uhr. Nochmal ein Lokal für Leute, die
außerhalb wohnen und nicht jeden Abend ins Zentrum kommen wollen.
Das Lokal erstreckt sich über 2 Etagen. Internationale Küche, vom
Gulasch, zum mexikanischen Gericht und Salatteller "Asterix". An Bier-
sorten gibt es Löwenbräu und Adelscott. Im Lokal leider auch Videos
und Computerspiele.

Beer House, *Via Merulana 109 − San Giovanni (733535)*
Montag Ruhetag, geöffnet bis 2 Uhr. Man steigt einige Stufen hinab und
befindet sich dann in einem freundlichen Lokal, in dem Musik läuft und
immer gute Stimmung herrscht. Kleinere Gerichte stillen den Hunger.
Bier vom Faß: Paulaner und Frago.

Birra In, *Via Lollatina 104/B − Prenestino (2596634)*
Mittwoch Ruhetag, geöffnet bis 24 Uhr, wieder etwas außerhalb gelegen.
40 Biersorten, sowie Weine, Cocktails und Schnäpse. Kaltes Buffet,
belegte Brötchen und Kuchen zur Beruhigung des Magens.

Caffe Settimiano, *Via di Porto Settimiana 1, Trastevere (5810468)*
Montag Ruhetag, geöffnet bis 2 Uhr. Ein Pub neben dem altehrwürdigen
"Cafe Settimiana". Tische im Freien und Hintergrundmusik.

Birreria Capoverde, *Via Ciao Canuleio 115, Cinecitta*
Mittwoch Ruhetag, geöffnet bis 24 Uhr. Ein immer volles Bierlokal im
Herzen von Cinecitta. Zu essen gibt es unter anderem die römische
"bruschetta", in Öl getauchtes Brot mit Knoblauch bestrichen und mit
Tomatenstückchen und Gewürzen belegt.

Cheer Up, *Via Tominaso Campagnella 38 − Prati (312219)*
Mittwoch Ruhetag, geöffnet bis 24 Uhr. Franco und Sergio servieren
hier zahlreiche Biersorten in der Flasche oder aber Becks Bier, Adelscott und Ceres vom Faß.

Chow House, *Piazza San Callisto 15 − Trastevere (5813250)*
Mittwoch Ruhetag, geöffnet bis 2.30 Uhr. Eines der ersten Lokale in
Trastevere. Der befragte Besitzer selbst sagt dazu "die Brötchen sind
optimal, die Pizza auserlesen, und alles wird mit Freundlichkeit garniert
am Tisch serviert". Dazu natürlich Gerstensaft und als besondere
Attraktion gibt es "grünes Bier".

Crazy Pub, *Via Prenestina 27A – 29 – Prenestina (7553807)*
Dienstag Ruhetag, geöffnet mindestens bis 2 Uhr. Crazy Pub, der Name
sagt schon alles. Ausgelassene, sympathische Stimmung und Tische auch
im Freien.

Dallas Pub, *Via Guiseppe Palombini 30 / B – Aurelio*
Geöffnet bis 2 Uhr. Rustikal gehaltenes Lokal mit "Spaten Bier" vom
Faß. Zwei Räume und Videomusik.

Due Draghi, *Via G.Massaia 34/36 – Garbatella (5110305)*
Ruhetag: Dienstag, geöffnet bis 1.30 Uhr. Sympathischer Pub mit einem
getrenntem Raum, für alle die lieber bei Kerzenlicht speisen. Zigaretten
sind im Lokal erhältlich. Nicht nur Bier wird ausgeschenkt, sondern auch
Exotischeres wie Sangria und blauer Wodka.

Hope Pole Pub, *Cironvallazione Gianicolense 190/D – Monteverde*
Ruhetag: Montag, bis 2 Uhr geöffnet. Immer mit den neusten Liedern
im Hintergrund, versucht man hier alle möglichen Biersorten sowie
Chili, Gulasch, Bruschette und andere Leckereien.

La Cicale, *Via Luca della Robbia 24 – Testaccio*
Geöffnet bis 2.30 Uhr. Ein Lokal, in dem man sich gut unterhalten kann.
Leichte Hintergrundmusik, allerlei kulinarische Genüsse bei niedrigen
Preisen und freundlicher Bedienung zeichnen dieses Lokal aus.

Lapsutinna, *Via G. Bruno 25-27 – Prati (310157)*
Ruhetag: Montag. Man muß tief nach unten steigen, um Bier, Long-
drinks oder Cocktails zu trinken und aus den 25 Gerichten, eines für sich
auszusuchen. Dienstags tritt eine irische Musikband auf. Tische im
Freien, wenn es das Wetter erlaubt.

Phamphili Pub, *via di Villa Pamphili 22 – Monteverde (5890563)*
Ruhetag: Mittwoch, geöffnet bis 2 Uhr. Die Biersorten Long Live und
Double Diamonds vom Faß. Ein kleines Lokal in der Nähe des wunder-
schönen Parks der Villa Pamphili.

Pub 53, *Piazzale Medaglie d'Oro 53 – Balduina (347656)*
Ruhetag: Mittwoch, geöffnet bis 1.30 Uhr. Die Gegend ist nicht besonders belebt, aber die Preise sind niedrig. Es gibt Wein, deutsches Bier
und zu essen verschiedene Kleinigkeiten.

Re Sole, *Piazza Aruleno Celio Sabini 29 – Cinecitta' (744606)*
Ruhetag: Sonntag, geöffnet bis 0.30 Uhr. Hier geht es immer hoch her.
Die Gerichte entstammen der ungarischen oder chinesischen Küche –
es gibt aber auch ganz normale Hamburger. Außerdem Videomusik und
Live-Konzerte. Im Sommer stehen Tische draußen.

Scacco Matto, *Piazza Pontida – Piazza Bologna (475277)*
Ruhetag: Mittwoch, geöffnet bis 2 Uhr. Auch ein sehr vielseitiges Lokal:
Piano Bar, großer Videobildschirm, Zigarettenverkauf, Spaghettirestau-
rant, Bier, Wein und Cocktails sowie nicht zuletzt die große Terrasse,
sind Besonderheiten dieses Lokals.

The Pink Panther, *Piazza Mancini – Flaminio (390371)*
Ruhetag: Montag, geöffnet bis 2 Uhr. 21 Sorten verschiedene belegte
Brötchen und 30 Bierarten in der Flasche bietet uns Marco, der Besitzer.
Viel Jungvolk und Teenies.

Trilussa, *Via Benedetta 18-20 Trastevere (5813448)*
Geöffnet bis 1.30 Uhr. Seit vielen Jahren liegt dieses Bierlokal mit
Selbstbedienungstheke hinter der Piazza Trilussa. Das Bier wird vom
Lokal selbst importiert und verteilt unter dem Namen "Mondialbeer";
zivile Preise.

Vecchia Praga, *Via Tagliamento 73-75 – Salario (863886)*
Ruhetag: Mittwoch, geöffnet bis 1.00 Uhr. Frau Tea, die Inhaberin
bereitet selber die Tortillas als Hausspezialitäten vor. Aber auch sonst ist
ihre Küche sehr zu empfehlen. Einer der ältesten und bekanntesten
Pubs.

Anagrama, *Via G. Sacchi 14 – Trastevere (5816015)*
Ruhetag: Montag, geöffnet bis 2.00 Uhr. Mit Namen wie "Chisoprec",
"Nipani" oder "Masuci", die keinerlei Sinn ergeben, versuchen die zwei
Besitzerinnen, Rita und Assunta, ihren Drinks eine geheimnisvolle Note
zu geben.

Broadway Pub, *Via La Spezia 62/A – San Giovanni*
Ruhetag: Mittwoch, geöffnet bis 2 Uhr. Ein Lokal, das etwas an unsere
erinnert. Es gibt Spiele, einen Teeraum, gedämpfte Musik, und viel zu
trinken und zu essen. Oft Livekonzerte mit Jazz, Rock und brasilianischer Musik.

Cappellaio Matto, *Via dei Marsi 25- San Lorenzo (40841)*
Ruhetag: Dienstag, geöffnet bis 0.30 Uhr. Wegen seiner vortrefflichen Küche eher als Restaurant zu bezeichnen. Da man aber auch nicht unbedingt essen muß und die Gespräche oft tischübergreifend geführt werden, kann von steifer Restaurantatmosphäre keine Rede sein. Die niedrigen Preise sorgen für viel Stammgäste.

D.D. Pub, *Via A Venturi 14 – Piazza Bologna (4271847)*
Ruhetag: Sonntags, geöffnet bis 2 Uhr. Ein gepflegtes Lokal, gediegene Einrichtung und aufmerksame Bedienung. Frische Fruchtsäfte, kleinere Speisen und alles begleitet von der neuesten Videomusik.

II Pub, *Via dei Legionari 25 A – Trastevere (6794910)*
Ruhetag: Montag, geöffnet bis 4 Uhr. Spezialität: "Spaghettinotte". Das Guiness vom Faß. Ab 1 Uhr nachts, die Tageszeitungen vom kommenden Tag und heiße Cornetti. Jeden Samstag kann man auch tanzen. Jeden Freitag wird Striptease vorgeführt. Livekonzerte: Jazz, Blues, Country und Rock. Leider ist das Lokal nicht gerade billig.

Eleven Pub, *Via Marco Aurelio 11 – Colosseo (7313359)*
Ruhetag: Montag, geöffnet bis 2 Uhr. An jedem Wochenende spielen gute Countrybands.

Falpala Pub, *Via della Pelliccia 21 – Trastevere (5897896)*
Ein kleiner Pub in den Gassen des alten Trastevere mit kleinen Speisen und vorzüglichen Crêpes.

Four Green Fields, *Via Constantino Morin 40 – Prati (3595091)*
Geöffnet bis 1.30 Uhr. Pub und Cocktailbar zugleich und schon lange etabliert. Viele Whiskysorten – und Max mischt die schönsten Cocktails.

Fruellandia, *Vicolo del Piede 18 – Trastevere*
Geöffnet von 18-1 Uhr. Ein weiteres, kleines Lokal im unerschöpflichen Trastevere und bekannt vor allem für seinen guten Gerstensaft.

Galaxia, *Piazza M.B B lgarelli 40 – Montesacro (8131043)*
Ruhetag: Mittwoch, geöffnet bis 2 Uhr. Es lohnt sich kaum für dieses Lokal eigens den weiten Weg auf sich zu nehmen. Wer sich aber in der Gegend befindet, wird sich gut amüsieren können. Gesellschaftsspiele vorhanden.

Gatto Randagio, *Vicolo dell'Aquila 14 – centro storico*
Ruhetag: Montag, geöffnet bis 3 Uhr. Leider muß man eine Tessera, die ein Jahr gültig ist, kaufen. Aber es lohnt sich, denn dahinter verbirgt sich ein nettes Lokal mit Gesellschaftsspielen, frischem Bier, Crêpes und belegten Brötchen.

Hungry Bogart, *Borgo Pio 202 – Prati*
Geöffnet bis 1 Uhr. Ein preiswerter Pub, der sich auf Reisgerichte spezialisiert hat und in dem immer gute Musik läuft.

I Ciacobini, *Via San Martino di Monti 46 – Via Cavour*
Geöffnet bis 2 Uhr. Ein Privatclub mit exotischen Salatgerichten, aber auch guter Hausmannskost. Rockmusik, Jazz, Country oder Blues begleiten die Gäste während des Abends. Großes Lokal auf drei Räume verteilt.

II Vicolo – *Vicolo del Cinque 27 – Trastevere (5810250)*
Ruhetag: Dienstag, geöffnet bis 1 Uhr. Preiswertes Lokal, in dem es sich lohnt eine Kleinigkeit zu essen. Ausländische Biere und Cocktails erhält man im "Salon" nebenan. Musik im Hintergrund, manchmal auch live.

Keraunia, *Via dell'Olmata 24 – Via Cavour (4759180)*
Ruhetag: Mittwoch, geöffnet bis 1 Uhr. Ein bißchen Atmosphäre aus den 68er Jahren schnuppern und Reggaemusik hören. Durst löscht Löwenbräu vom Faß. Vegetarisches, kaltes Buffet und Kuchen für den kleinen Hunger.

Laterna Rossa, *Via di Ponziano 29/31 – Monteverde*
Ruhetag: Sonntag, geöffnet von 7 Uhr bis tief in die Nacht. Eine Bar-Birreria. Da sie neben dem Kino "Garden" liegt, ist sie besonders vor und nach den Vorstellungen voll. Tische im Freien. Tabakwarenverkauf zu jeder Uhrzeit.

La Piedra del Sole, *Via Luigi Santini 12-13 – Trastevere*
Ruhetag: Dienstag, geöffnet bis 2.30 Uhr. Kleines Lokal mit netter Bedienung und jungem Publikum.

Le Biciclette, *Via Tommaso Da Celano 16-Appio*
Ein kleines, Lokal für junge Leute in der Nähe der Piazza Zama. Englisches Bier vom Faß, Teeraum, der ab 18 Uhr geöffnet ist und einmal in der Woche Vorführung eines Filmes auf Maxibildschirm.

L'Orso elettrico, *Via Guglielmo Calderini 64-Flaminio*
Ruhetag: Montag, geöffnet bis 1 Uhr. Ein deutsches Lokal, mit deutschem Bier und deutscher Küche. Wer an Heimweh leidet, wird sicher wieder aufgemuntert und wer den ewigen Nudelkram leid ist, der kriegt hier endlich wieder anständige 'teutsche' Erdäppel. Moderne Inneneinrichtung.

Melvyn's Pub, *Via del Politema 8 – Trastevere (5813300)*
Geöffnet von 21- bis -4 Uhr. Am Wochenende treten römische Jazz-, Funk- und Salsagruppen auf. Sonst laufen die neuesten Videos über die Box. "Klein aber fein" ist eine treffende Beschreibung dieses Lokals.

Migus, *Via della Scala 2 – Trastevere*
Ruhetag: Montag, geöffnet bis 1.30 Uhr. Jazzclub mit warmer, aufnehmender Inneneinrichtung. Man trinkt und ißt preiswert.

Naima, *Via dei Leutari 34 – Centro storico (6877114)*
Ruhetag: Sonntag, geöffnet von 12-15 Uhr und 20-2 Uhr. Ganz unkompliziertes Lokal mit viel Jazzmusik.

Notte die Gandhara, *Via della Scala 28 – Trastevere*
Geöffnet bis 2 Uhr. "Sympathie und Musik und Bier" lautet das Motto dieses kleinen Lokals. Jeder kann sich ans Piano setzen und die Gäste unterhalten. Gute und italienische Küche; für Gourmets.

Othero, *Via Monte d'Oro 23 – Centro Storico (6876505)*
Ruhetag: Mittwoch, geöffnet bis 2 Uhr. Salon im Stil der 20er Jahre. Kleines intimes Lokal mit schickem Publikum. Klassische Musik, Jazz oder Bluesdarbietung.

Panino Games, *Via Guiseppe Dezza 11/A – Monteverde*
Ruhetag: Montag (im Winter), Sonntag (im Sommer) geöffnet von 10 bis 1 Uhr. Bei Bier und belegten Brötchen wird hier bis tief in die Nacht gespielt: Videospiele, Tischfußball, Billiardtische, Fernsehraum und vieles andere stehen den Gästen zur Verfügung.

Pinzimonio, *Via degli Ombrellari 8-10 – Prati*
Ruhetag: Montag, geöffnet bis 2 Uhr. Immer vorne weg mit ihren musikalischen Darbietungen, die man vom Inneren des Lokals oder aber von den Tischen im Freien verfolgen kann.

Pulcino Ballerino, *Via degli Equi 68,* – *San Lorenzo (490301)*
Ruhetag: Montag, geöffnet bis 0.30 Uhr. Ein raffiniertes Lokal im Arbeiterviertel San Lorenzo. Dank seiner netten Stimmung ist es immer voll und nicht zuletzt aufgrund seiner guten Speisen hat es sich einen Namen gemacht.

Saxophone, *Via Germanico 26* – *Prati (380047)*
Montag Ruhetag, geöffnet von 11.30 bis 1 Uhr. Mehrere Räume auf zwei Etagen weist dieses Lokal auf mit jeweils ganz anderem Dekor. Achtzig Weine und 40 Biersorten, ideal zum Quatschen, Leute Kennenlernen und Musikhören.

Scrash, *Via Cincinnato 3/e* – *Tuscolano*
Mittwoch Ruhetag, geöffnet bis 2 Uhr. Niedrige Preise zeichnen dieses Lokal aus. Nett sind die spanischen oder mexikanischen Abende, die des öfteren stattfinden.

Tatoo, *Via degli scipione 238* – *Prati (319149)*
Mittwoch Ruhetag, geöffnet bis 3 Uhr. Es liegt ein paar Häuser neben dem alternativen Programmkino "Scipioni". Dementsprechend gemischt ist auch das Publikum. Ständige Ausstellungen von Tätowierungen sowie die Möglichkeit der Kontaktaufnahme zu Gippe, dem Tätowierer.

The Crazy Cat, *Via Pietro Venti 2* – *San Giovanni (7008959)*
Geöffnet bis 2 Uhr. Angelsächsisches Lokal mit großer Auswahl an Getränken und Salaten. Besonderheit: ständig stehen irgendwelche Musikinstrumente für alle Gäste zum fleißigen Gebrauch herum – zum gemeinsamen oder alleinigen Musizieren.

The Fiddlers Elbow, *Via dell' Olmamata 43, Via Cavour*
Montag Ruhetag, geöffnet bis 0.30 Uhr. Der älteste Pub in Rom. Viele ausländische Gäste, die von dem Rausschmeißer am Eingang vor den "Papagallis" geschützt werden sollen; man achtet strikt darauf, diese erst gar nicht reinzulassen.

The Fox Pub, *Via Montenegrone 14* – *Centro storico*
Montag Ruhetag, geöffnet von 19-2.30 Uhr. In der Nähe des Largo Argentina, mitten im Zentrum der Stadt, wird man hier die typische Ruhe der englischen Pubs genießen können. Die Biersorten Beck, Lucece und Beamish gibt's vom Faß.

Thendenze, *Via Nino Martoglio 7 – Montesacro*
Montag Ruhetag, geöffnet bis 2 Uhr. Wer sich gerade in Montesacro aufhält, sollte hier mal reinschauen. Ein nettes Lokal mit Videomusik.

Dam Dam, *Via Benedetta 17 – Trastevere (5896225)*
Geöffnet von 19.30 bis 2 Uhr. Von hier starten viele Initiativen, wie Reisen, Feten und ähnliches. Im Innengarten bei Adelscott vom Faß und auch einer Kleinigkeit aus dem preiswerten kalten Buffet kann man sich stundenlang unterhalten.

Giardano dei ciliegi, *Via dei Fienaroli 4 – Trastevere (5803423)*
Geöffnet bis 2 Uhr. Leider muß man 3.000 Lire für die Jahrestessera hinblättern, dafür halten sich die Preise dann aber in Grenzen. Im Inneren des Lokals die Reproduktion eines Gartens, inspiriert durch ein gleichnamiges Theaterstück von Strehler. Permanente Bilderausstellungen, gut Musik und nette Stimmung.

Futura, *Via Renato Fucini 244 – Aurelio (8280647)*
Montag Ruhetag, geöffnet bis 1 Uhr. Etwas außerhalb am Anfang der Via Aurelia liegt diese Birreria – Pizzeria mit wirklich niedrigen Preisen und Riesenpizzen. Piano Bar, Videomusik und ein kühles Bierchen tragen zur guten Stimmung bei.

La Luna e il sassofono, *Via Arco S. Callisteo 17 – Trastevere*
Montag Ruhetag, geöffnet von 17 bis 1 Uhr. Im Herzen von Trastevere, ein ruhiges Lokal, um nachmittags Tee zu trinken, abends frische Salate zu essen oder die Nacht mit einem Cocktail zu beenden.

Speakeasy Club, *Via Giannone 28 – Prati*
Geöffnet bis 2 Uhr. Niedrige Preise sind nicht das Einzige, was dieses Lokal auszeichnet. Kostenlos kann man sich die Zukunft vorhersagen lassen und wer seinem Spieltrieb freien Lauf geben will, dem stehen Gesellschafts- oder Computerspiele zur Verfügung.

Birreria, *Via Terenzio 13 – Prati*
Neben dem neuen Fast Food Italy & Italy in der Via Cola di Rienzo bietet dieses Lokal einen guten Kontrast und Gegenpol dazu. Vor vielen Jahren entstanden, bewahrt es auch heute noch einen Hauch der Vergangenheit. Die Preise scheinen auch irgendwann einmal stehengeblieben sein, denn sie sind wirklich niedrig. Man erhält hier ein kühles Bier, Salat, Brötchen, Wurst und andere herzhafte Kleinigkeiten.

Quattro chiachiere Per, *Via Matteo Boiardo 12/b – San Giovanni*
Geöffnet bis 2 Uhr. Ein Lokal, das zum Diskutieren einlädt, wie der
Name schon sagt. Angeregte Gespräche, die man mit einem frischen
Pils, leiser Musik, einer großen Auswahl an Weinen, ungarischem
Gulasch, Cocktails und vielem anderem mehr, untermalen kann.

Quattro Gatti, *Via Emma 47 – Tuscolano (7553662)*
Sonntag Ruhetag; geöffnet bis 3 Uhr. Cocktail Bar – Piano Bar mit hervorragenden Salaten. Sie liegt ganz in der Nähe der Piazza Venezia und
ist auch über Mittag geöffnet.

Weinlokale

Carmina Burana, *Via Luca della Robbia – Testaccio (572500)*
Mittwoch Ruhetag, geöffnet bis 2 Uhr. Ein gastronomischer Ausflug,
begleitet von einer großen Auswahl italienischer Spitzenweine.

Cavour 313, *Via Cavour 313 – Via Cavour (6785496)*
Sonntag Ruhetag, geöffnet von 19-24 Uhr. Eine wirkliche Enoteca, wie
man sie nur in Italien sieht. Hunderte Flaschen Wein, italienische und
ausländische, die würzige Wurst, geräucherte Forelle, von Paté oder
Naschwerk begleitet.

Coffredo Chirra, *Via Torino 133 – Esquilin (485 659)*
Sonntag Ruhetag, geöffnet bis 2 Uhr. Enoteca – Bar in der Nähe des
Bahnhofs, von 6 Uhr morgens bis 2 Uhr nachts geöffnet.

Cul de Sac, *Piazza Pasquino 73 – Centro storico (6541094)*
Sonntag Ruhetag, geöffnet bis 1 Uhr; die Küche bis 24 Uhr. Ein
Geheimtip im Rom für Studenten. Enoteca mit kaltem oder warmen
Buffet und 750 Weinen aus allen Gegenden Italiens. Sie liegt bei der
Piazza Navonna; die Stimmung ist immer ausgelassen.

Il Piccolo, *Via del Governo Vecchio 74-75 – Centro Storico (6541746)*
Dienstag Ruhetag, geöffnet bis 2 Uhr. Ab 3.000 Lire aufwärts, das sind
die Preise der bekannten Enoteca "Il Piccolo". Sie gehört zu den ältesten
in Rom und genießt einen guten Ruf. Sie führt italienische und französische Weine. Außerdem sind besonders die Torten zu empfehlen.

La Volpe e L'uva, *Via G. Ansaldo 7 – Carbelle (5134801)*
Mittwoch Ruhetag, geöffnet bis 23.30 Uhr. Etwas außerhalb des Stadtzentrums, bietet diese Weinlokal besondere Vergünstigungen. Im Winter
werden Livekonzerte gegeben, im Sommer sitzt man im Freien unter
klarem Sternenhimmel. Auch die gastronomischen Beilagen sind nicht
zu verachten, es gibt ein kaltes Buffet, gute Torten und Hausspezialitäten.

S. Dorotea, *Via di S. Dorotea – Trastevere (5809530)*
Dienstag Ruhetag, geöffnet bis 2 Uhr. Ein romantisch behaglisches
Lokal. Neben dem Wein sind 30 Sorten Champagner und gute Sekte auf
Lager. Es läuft ruhige Musik, manchmal treten Sänger auf.

Bottigliera Iacocci, *Via Guilio Cesare 70 – Prati*
Direkt oberhalb der Metroendstation Ottaviano liegt dieses kleine
Weinlokal. Typisch römische Atmosphäre, vortreffliche Weine und herz-
haft belegte Brötchen.

Fratelli Rossi Isabelli, *Via della Croce – Centro*
Noch eine Enoteca im alten Stil. An der Theke trinkt man Wein und
teuersten Champagner als wäre es Wasser. Die Atmosphäre ist warm
und lädt zum Verweilen ein; hunderte verschiedener Flaschen aus allen
Ländern, vornehmlich aber aus Italien, füllen die langen Reihen der
Regale.

Die Paninoteca

Sie zählt zu den Lokalen, ist aber eher eine Mischung aus ungezwungenem Imbiß und einer Bierkneipe. Ähnlich wie bei den Pizzerien wird man hier viele Cliquen und Gruppen von Freunden antreffen, die bei belegten Brötchen und Bier sicher irgendetwas zu feiern haben. Trotzdem muß man hier nicht essen, und wenn es einem nicht zu laut wird, kann man sich auch zu zweit ganz ernsthaft stundenlang vor einem Bier unterhalten.

Calise, *Via Col di Lana 14-16 – Prati (314710)*
Mittwoch Ruhetag, geöffnet bis 24 Uhr. Gemütliches Lokal mit Tischen im Freien; Löwenbräu und Adelscott vom Faß. Niedrige Preise für Hamburger, Brötchen und Würstchen.

Calise, *Piazza Mastei 7 – Trastevere (580904)*
Geöffnet bis 2 Uhr. Das zweite Lokal unter diesem Namen, diesmal aber in Trastevere. Spezialität des Hauses sind Crêpes.

La Briciola, *via della Lungaretta 81 – Trastevere (582260)*
Dienstag Ruhetag, geöffnet von 20 bis 2 Uhr. Einfaches Lokal mit Holztischen, an denen es immer lustig zugeht. Ob es an dem belgischen Bier liegt, das dort ausgeschenkt wird?

Le Fiacre, *Via della Lungaretta 87 – Trastevere (5806013)*
Dienstag Ruhetag, geöffnet bis 2 Uhr. Tische im Freien laden ein, Platz zu nehmen und eventuell ein grünes Bier zu trinken oder eine Tasse Tee, Brötchen zu essen oder sich einfach nur zu unterhalten.

Le Teste Matte, *Via dei Baullari – Centro storico*
Montag Ruhetag, geöffnet bis 3 Uhr. Stil Liberty mit Stummfilmszenen an der Wand. Dezente Musik und als Gaumenschmaus Crêpes.

Pamatela, *Piazza della Cancelleria 87 – Centro storico*
Dienstag Ruhetag, geöffnet von 20-24 Uhr. Im Hintergrund das romantische Campo dei Fiori. Große Auswahl an Weinen, belegten Brötchen und Bieren. Ein Lokal zum Wohlfühlen.

Paninoteca Video Pub Bar, *Via Prenestina 17 – Penestino (2757739)*
Donnerstag Ruhetag, geöffnet bis 1 Uhr. Drei Räume im rustikalen Stil besonders mit jungem Publikum. Fernseher und gedämpfte musikalische Untermalung.

Tentazione, *Via della Scrofa 16 – Centro storico (6548645)*
Montag Ruhetag, geöffnet bis 24 Uhr. Jeden Tag geöffnet, bietet das Lokal zu verschiedenen Preisen alles, was das Herz begehrt.

Toast Modern, *Piazza Campo dei Fiori 48 – Centro storico*
Sonntag Ruhetag, geöffnet von 13-16 Uhr und 20-1.30 Uhr. Nach einem Einkaufsbummel oder abends sitzt man hier draußen, genießt das Panorama des alten Platzes und einen der herrlich zubereiteten Salate. Das Lokal wird von einer Gruppe von Freunden geleitet und hat dementsprechend eine ungezwungene und erfrischende Atmosphäre.

Musikkneipen und Jazzkeller

Das Angebot ist breit und selbstverständlich kann hier nur eine kleine Anzahl beschrieben werden. Hier ist für jeden Geschmack und jede Musikrichtung etwas geboten:

Action Club, *Via Benedetta 23 – Trastevere (5894016)*
Geöffnet bis 1.30 Uhr. Großer Garten der 1001 Nacht und Stil "Kitsch aus New York mit Einfluß aus Hollywood", wie Francone und Enrica, die Inhaber, es bezeichnen. Freitags und samstags Kabaret. Livekonzerte und Shows.

Alexanderplatz, *Via Ostia 9 – Prati (3599398)*
Montag Ruhetag, geöffnet bis 2 Uhr. In einer kleinen Gasse des Marktes im Viertel Trionfale versteckt, übersieht man leicht den Eingang. Ein Musikkeller, der vom Jazz bis zu brasilianischer Folklore ein breites Spektrum interessanter Liveauftritte bietet. Man kann auch Kleinigkeiten zu essen bekommen.

Alfellini, *Via Francesco Carletti 5 – Ostiense*
Sonntag Ruhetag, geöffnet bis 1.30 Uhr. Eines der besten Lokale aufgrund einer besonderen Attraktion! Man sitzt in einem gemütlichen Raum im Stile "Café Chantant", wo jeden Abend die verschiedensten Auftritte stattfinden, vom Kabarett über Jazz, bis zum Zeichentrickfilm. Jeden Montag eine Besonderheit – der Eintritt ist dann auch etwas höher: Leute aus dem Publikum betreten die Bühne und stellen ihr Können unter Beweis. Man amüsiert sich königlich, da man von der dicken, älteren Dame, die davon träumt, noch einmal ein Show-Girl zu

werden, oder dem stotternden Gedichteleser bis zum wirklich begabten Songspieler alles finden kann. Nicht selten sieht man einige der talentierteren Leute wenig später im Fernsehen oder in größeren Lokalen wieder. Und was das Beste ist: das Publikum darf nach jeder Darbietung auf ein Kommando des dicken, sympathischen Ansagers sein Urteil über das eben Vorgetragene kundtun, indem es je nach Gefallen den armen Künstler mit "faulen Tomaten" – das sind kleine, rote Sägemehlbälle – bewirft; es kommt immer sehr viel Stimmung auf. Interessantes, gemischtes Publikum.

Big Mama, *Vicolo San Francesco a Ripa – Trastevere (582551)*
Geöffnet bis 1.30 Uhr. Jeden Abend Livekonzerte von Blues, Jazz oder Funkmusik. Viele italienische Erstauftritte ausländischer Gruppen. Der Eintritt ist normalerweise kostenlos, abgesehen von besonderen Konzerten. Zu essen gibt es verschiedene Kleinigkeiten.

Billie Holiday, *Via degli Orti di Trastevere 43 – Trastevere (5816121)*
Montag, Dienstag, Mittwoch und Sonntag, geöffnet bis 1.30 Uhr. Nur an drei Tagen in der Woche geöffnet, stellt dieser Jazzkeller römische und nationale Gruppen vor. Es gibt ein Buffet, arabische Spezialitäten und diverse Kuchenteilchen. Für wenigstens 7000 Lire muß man etwas bestellen. An den geschlossenen Tagen finden im Lokal Seminare, Begegnungen und Übungen statt.

Blue Lab, *Vicolo del Fico 3 – Centro storico (6877234)*
Jeden Abend ein Auftritt von Gruppen verschiedener Musikrichtungen – vom Jazz zur Klassik und zurück. Bis 23 Uhr kann man etwas essen; eine preiswerte Adresse. Regelmäßig Vorstellung der neuesten Schallplatten und Bücher.

Camarillo, *Via Properzio 30 – Prati 6558471)*
Dienstag Ruhetag, geöffnet bis 2 Uhr. Ein in Richtung Jazz orientiertes Lokal über zwei Stockwerke hinweg, Piano Bar und Restaurant.

Dorian Gray, *Piazza Trilusa 41 – Trastevere (5818685)*
Geöffnet von 20-4 Uhr. Einst das gefragteste "alternative" Lokal Roms, leidet es heute unter der Konkurrenz von Lokalen, die mehr in Mode sind. Dennoch finden jeden Abend ab 22 Uhr Livekonzerte statt, und ab 24 Uhr öffnet die Diskothek mit afrolateinamerikanischer Musik. 5000 Lire kostet der Eintritt, worin auch ein Getränk enthalten ist.

Fonclea, *Via Crenscenzio 82/A – Prati (6530302)*
Geöffnet bis 2 Uhr. Das ist ein wirklich nettes Lokal, mit vielen jungen Leuten, die sich bei einem Brötchen oder einem Glas Wein gute Livemusik anhören. Jazzmusiker oder Gruppen aus Lateinamerika stellen sich hier vor. Es gibt das berühmte englische Bier "Bulldog Pale Ale".

Grigionotte, *Via dei Fienaroli 30/B – Trastevere (5813249)*
Geöffnet bis 2 Uhr. Die Einrichtung ist etwas kalt, aber das Lokal ist wegen seiner Livekonzerte und Cocktails beliebt. Man braucht eine "Tessera"; je nach Darbietung wird Eintritt erhoben.

Mambo Club, *Via dei Fienaroli 30 A – Trastevere (5897196)*
Montag Ruhetag, geöffnet bis 5 Uhr. Es liegt direkt neben dem oben genannten Grigionotte, und es ist üblich, sich nach Schließung um 2 Uhr auf einen Drink in die warme Atmosphäre unter Palmen und ins Dämmerlicht zu flüchten. Bei sanfter Musik erholt man sich dann vom Discolärm, und bis zum Morgengrauen wird hier gelacht und gesungen.

Mississippi, *Borgo Angelico 16, Prati (6550348)*
Geöffnet bis 2 Uhr. Eine der bekanntesten Musikkneipen der Stadt. Im freundlichen Lokal kann man bei Kerzenlicht essen, begleitet von berühmten Dixiland- und Jazzgruppen. Nette Bedienung.

Musik Inn, *Largo Fiarentini 3, Centro storico*
Geöffnet bis 2 Uhr. Der älteste Jazzkeller Roms mit Auftritten bekannter, internationaler Jazzgruppen. Vor 16 Jahren gegründet, ist es selbst ein Stück Jazzgeschichte geworden. Essen kann man leider nichts. Vorstellung von Jazzschallplatten, Filmen und Durchführung von Festen zum Thema.

Roma die Note, *Via Arco di S. Calistro 40 – Trastevere*
Geöffnet bis 2 Uhr. Preiswertes Lokal, in dem dienstags und freitags Liveauftritte stattfinden. Daneben organisieren die Besitzer Rundflüge über die Umgebung, sowie "geheimnisvolle" Ausflüge.

Saint Louis Music City, *Via del Cardello 13 – Via Carvour (4755076)*
Sonntag Ruhetag, geöffnet bis 2 Uhr. Ein Stück New York in Rom mit Jazz, Fusion und Blackmusic sowie einer großen Tanzfläche und tollen Drinks.

Tusitala, *Via dei Neofiti B/A – Via Carvour (6783237)*
Geöffnet bis 1 Uhr. Ein kleiner, gemütlicher Jazzkeller mit Livekonzerten jeden Abend. Bier vom Faß, belegte Brötchen und Fisch. Auch Jazzseminare sind für jedermann zugänglich.

Ye's Brazil, *Via Francesco a Ripa 103 – Trastevere (5816267)*
Sonntag Ruhetag. Typisch brasilianisches Lokal mit Liveauftritten montags, mittwochs und donnerstags von 22 – 24 Uhr. Brasilianische Cocktails und Speisen in kleinem Umfang.

Vicolo 49, *Vicolo dei Soldati 47 – Centro storico (68754407)*
Klein, aber oho .... In das Lokal passen vielleicht 30 Leute und dann wird es schon eng. Dafür ist es wirklich gehr behaglich. Eine Gruppe von Studenten leitet den Pub, in dem fast jeden Abend kleine Gruppen auftreten. Die Konzerte gehen oft, schon aufgrund der engen Raumverhältnisse in ein gemeinsames Musizieren über.

Diskotheken und Tanzlokale

Für den, der gerne tanzt, gibt es eine Reihe von Möglichkeiten. Leider sind die normalen Diskotheken nicht billig. Man sollte auf öffentliche Saisonveranstaltungen oder Angebote der einzelnen Diskotheken in den Tageszeitungen oder auf Plakaten achten. Besonders für weibliche Besucher ist der Eintritt oft kostenlos, und während des Sommers organisiert die Stadt viele Tanzmöglichkeiten im Freien. Hier die Adressen der Diskotheken, in denen das Publikum interessant ist, gute Musik läuft und der Preis sich dennoch in Grenzen hält.

Acropolis, *Via G. Schiaparelli 29 – 31 – Parioli (870504)*
Montag Ruhetag, geöffnet bis 3.30 Uhr. Schickes Publikum in dieser recht großen Diskothek, in der es auch Livekonzerte stattfinden und Filme vorgeführt werden. Eintritt: 20.000 Lire einschließlich eines Getränkes.

Black Out, *Via Saturnia 18 – Appio (7596791)*
Montag, Dienstag, Mittwoch Ruhetag, geöffnet bis 3.30 Uhr. Hier trifft man die "Schwarzen" von Rom. Alles, was sich im Sommer im Testaccio trifft, findet sich im Winter in dieser Diskothek ein. Hauptattraktion ist sicherlich die Spitzenmusik. Donnerstags spielt immer eine Gruppe,

meist Rock aus den 60er Jahren, freitags ist New-Wave-Musik angesagt. Die Diskothek ist auch am Nachmittag geöffnet. Eintritt 12.000 Lire oder 8.000 Lire am Nachmittag; ein Getränk ist im Preis inbegriffen.

Easy Going, *Via della Purificazione 9 – Ludovisi (4745578)*
Geöffnet bis 3.30 Uhr. Diese Diskothek ist als Lokal für Homosexuelle bekannt. Es ist die älteste Diskothek dieser Art in der Stadt und ihr Ruf geht weit über die Stadtgrenzen hinaus. Gute Musik im Stile New Wave.

Executive, *Via San Saba 11/A – Ostiense (578022)*
Montag Ruhetag, geöffnet bis 2.30 Uhr. Eine junge Diskothek mit abwechslungsreichem Programm und allen offen. Modenschauen, Shows und Konzerte finden regelmäßig statt. Nachmittags treffen sich hier die Teenager.

Fabula, *Via Arco de'Ginnasi 14 – Centro storico (6797075)*
Sonntag Ruhetag, geöffnet bis 3.30 Uhr. In der unteren Etage wird getanzt und oben in einem guten Restaurant gegessen und die ruhigere Musik des Piano genossen. Gelungene Verbindung.

Jackie O', *Via Boncompagni 11 – Ludovisi (461401)*
Geöffnet bis 3.30 Uhr. Eines der bekanntesten Lokale Roms und Treffpunkt zahlreicher Künstler und bekannter Persönlichkeiten. Elegantes Milieu und Diskomusik. Auch hier gibt es ein Restaurant und eine Pianobar.

L'Alibi, *Via die Monte Testaccio 40 – Testaccio (573448)*
Montag Ruhetag, geöffnet 23 bis 4 Uhr. Direkt gegenüber des alten Schlachthofes, dem Testaccio, wo sich die "Schwarzen", Freaks und Punks treffen, erhebt sich in einem so scheinbaren Gegensatz diese elegante Diskothek auf den Ruinen einer uralten Kirche. Doch man kommt nie aneinander. Das "Alibi" ist die beliebteste Schwulendiskothek Roms; man wird hier kaum ein weibliches Wesen antreffen. Auf der Kirche ist ein herrlicher Dachgarten entstanden, wo man sich in normaler Lautstärke unterhalten und dennoch tanzen kann. Im Innern der Kirche geht es durch antike Gänge in einem schummrigen, immer überfüllten Tanzraum. Gute Musik und gelegentliche Liveauftritte sind garantiert.

L'Angelo Azzuro, *Via Cardinal Merry del Val 13 – Trastevere* *(5800472)*
Geöffnet bis 3.30 Uhr, manchmal bis 5 Uhr. Die letzte Diskothek in der

Serie der erklärten Schwulenlokale. Hier geht es aber etwas "gemischter" zu, das Publikum ist auch eleganter, und die Musik geht mehr in Richtung Disco.

Le Stelle, *Via C. Beccaria 22 – Flaminio (3611240)*
Sonntag Ruhetag, geöffnet 23 bis 4 Uhr. Marco Trani heißt der Diskjockey dieses Nobelschuppens und er spielt alles durch die Bank. Hauptsache die Leute tanzen – und das gelingt ihm immer.

Olimpo, *Piazza Rondanini 36 – Centro (6547314)*
Montag Ruhetag, geöffnet von 23 bis 4 Uhr. Ein kleines Lokal in der Nähe des Pantheon, post-modern eingerichtet, viele junge Leute. Eintritt 15.000 Lire mit Getränk, samstags 20.000 Lire.

Scarabocchio, *Piazza dei Ponziani 8 – Trastevere (5800495)*
Montag Ruhetag, geöffnet von 22 – 3.30 Uhr. Kapazität von 200 Plätzen und Klimaanlage garantiert. Wie in früheren Tanzlokalen, sitzt man hier an Tischen und geht von dort auf die Tanzfläche. Eintritt 15.000 Lire bei einem freien Getränk und einem Platz an einem Tisch; 8.000 Lire für alle, die lieber stehen.

Supersonic, *Via Ovidio 17 – Prati (6548435)*
Geöffnet bis 3 Uhr. Die verrückteste und lauteste Diskothek der Stadt. Ganz junges Publikum. Im amerikanischen Stil eingerichtet, Rock und New-Wave-Musik in voller Lautstärke.

Veleno, *Via Sardegna 27 – Ludovisi (493583)*
Geöffnet bis 3.30 Uhr. Extravaganter Laden, hervorragende Cocktails und schickes Publikum. Keine bestimmte Musikrichtung.

Fiper '80, *Via Tagliamenti 9 – Salario (854459)*
Eine der ältesten Diskotheken in Rom, in der es immer voll ist, trotz der großen Tanzfläche. Es laufen auch ältere Songs neben den neuesten Hits. Oft werden Abende unter einem bestimmten Motto veranstaltet oder Liveauftritte organisiert.

Hysteria, *Via Giovanelli 3 – Parioli (864459)*
Ein sehr vornehmer, stilvoller Laden mit ebensolchem Publikum und passenden Preisen. Kleines Lokal und immer gut besucht von bekannten Persönlichkeiten, gute Musik und Cocktailbar, viel Ambiente.

C.A.D., *Via Callisti 48 (6244149)*

Nur Samstags und Sonntags. Das eigentlich Interessante an diesem Lokal ist nicht die reine Diskothek, zwischen 15.30 und 20 Uhr mit Musik aus der Konserve. Die eigentliche Attraktion ist nämlich die Tanzveranstaltung mit Orchester.

Und dann tanzt man noch in folgenden Lokalen, die in anderen Kapiteln über Restaurants, Bars oder Musikkneipen näher beschrieben sind.

Professionisti, *Via Vittoria Colonna 32/A – Prati*
Saint Louis Musik City, *Via del Cardello 13 – Via Cavour*
Dorian Gray, *Piazza Trilusa 41 – Trastevere*

Kino und Theater

Kino

Rom ist die Stadt des Filmgewerbes. Bis vor einigen Jahren hatte die Produktionsstätte "Cinecitta" in Rom den Ruf des "europäischen Hollywoods". Die italienischen Filme waren weltweit bekannt und beliebt. Der alte Glanz ist nun dahin; man spricht von der Krise des italienischen Films. Trotzdem existiert er und regelmäßig kommen neue Filme aus Italien auch in unsere Kinos. Bemerkenswert ist auch, daß die Anzahl der Kinobesucher in Rom keineswegs im Zuge der angeblichen Krise, zurückgegangen ist. Im Gegenteil, die über 50 Kinos in Rom können sich über ihr Geschäft nicht beklagen. Für Touristen, die wenig Italienisch beherrschen, ist es dagegen nicht so verlockend, einen der kostbaren Urlaubsabende in einem dunklen Kinoraum zu verbringen, vor einem Film, von dem man ohnehin nur die Hälfte kapiert. Demjenigen aber, der Italienisch versteht, oder es aufbessern möchte, sei empfohlen, diese eineinhalb Stunden Zeit zu investieren und ins Kino zu gehen. Man versteht doch mehr als man meint und schnappt vielleicht ein paar Redewendungen auf. Wer sich unsicher fühlt, kann ja auch einen in deutscher Sprache schon einmal gesehenen Film nochmal anschauen. Das Programm kann man allen Tageszeitungen oder den Anschlägen in den meisten Bars entnehmen. Anders als zuhause fangen die Vorstellungen in allen Kinos gleichzeitig an, die einzige Ausnahme bilden Filme mit Überlänge, die besonders gekennzeichnet werden. Die normalen Anfangszeiten sind 16.30, 18.00, 20,30 und 22 Uhr. Man kann durchaus zwischendurch kommen, und wer Spaß daran hat, sieht sich alle vier Vorstellungen hintereinander an. Die Filme beginnen übrigens pünktlich. Die Werbung läuft vor den angegebenen Zeiten. Die Eintrittskarte kostet in den normalen Kinos 7.000 Lire. Mittwochs ist Kinotag! Und dann kosten in fast allen Kinos die Filme nur die Hälfte. Der Andrang ist vor allem bei aktuellen Filmen sehr groß, und es kann leicht passieren, daß man wegen Überfüllung nicht mehr eingelassen wird. Es gibt aber auch noch andere Möglichkeiten preiswert Filme anzusehen, und zwar bei den sogenannten "Cinema d' essai" oder "Cinemaclubs". Das sind Programmkinos, die oft gute, auch ältere Streifen zeigen. Nur diese Adressen seien hier angegeben, da die Liste ansonsten zu lang wäre und Sie die Anschriften der anderen Kinos leicht den Programmanschlägen entnehmen können.

II labirinto, *Via Pompeo Magno 27 (312283)*
Filmstudio, *Via Orti d'Alibert 1c (6569396)*
Politecnico, *Via G.B. Tiepolo 13a*
Clauco, *Via Perugia 34 (7551785)*
Circolo G. Bosco, *Via dei Sabelli*
Cineforum Sala Eritrea, *Via Lucrino 51*

In den einzelnen Kinos liegt auch immer das Veranstaltungsprogramm für den gesamten Monat aus. Besonders erwähnt seien zwei Kinos:

Posquino, *Vicolo del Piede 19/a Trastevere (5803622)*.
Hier laufen nur Filme in englischer Sprache. Es lohnt sich, das Programm anzusehen, da oft hervorragende Streifen dabei sind.

Azzurro Scipioni, *V. degli Scipioni 84 – Trionfale (3581094)*.
Silvano Agostini, der Besitzer begrüßt seine Gäste in der Regel vor jeder Vorstellung mit einer einführenden Rede. Man sitzt in ausrangierten Flugzeugsesseln. An der Wand hängen übrigens immer Werke eines römischen Malers. Das Kino wird von vielen "Alternativen" besucht. Silvano Agostini hat auch selber schon Filme gedreht und einen Leitfaden über die Abfassung eines Drehbuch erstellt, den ich hier Interessenten nur wärmstens empfehlen kann. Es ist einfach geschrieben, aber sehr einleuchtend. Der Autor ist auch gerne jederzeit zu Auskünften und Ratschlägen bereit. Aber noch lange nicht genug der Angebote an Filmen. Täglich bieten verschiedene Veranstalter die Möglichkeit,

kostenlos oder zu sehr geringen Eintrittspreisen Filme zu sehen. Oft handelt es sich sogar um Erstaufführungen. Hier einige Veranstalter mit interessanten Programmen. Ich kann auch immer nur wiederholen, einen Blick in die Zeitung zu werfen, besonders samstags in *La Republica*, da gibt es die Wochenübersicht im *Cantellone* und *Trovaroma*.

Goethe Institut, *Via del Corso 262*
Im Rahmen der Kulturverantaltungen bietet es ständig meist deutschsprachige Filme an.

Universita la Sapienza, *Aula Magna, Piazzale Aldo Moro*

Cinema Barberini, *Piazza Barbarini 52 (4751707)*
Hier laufen täglich neue Filme, aber sonntagvormittags werden zur Hälfte des Preises ältere Streifen gezeigt. Im Sommer, im Rahmen des "Estate romano" wird immer ein großes Freilichtkino organisiert.

Theater

Ähnliches wie im Bereich des Films gilt auch für das Theater: man hat nur die Qual der Wahl. Die preiswerteren und vielleicht interessanteren Stücke werden im Rahmen des "Estate Romano" oder im kleineren Theater aufgeführt. Andererseits ist es natürlich ein Erlebnis z.B. im antiken Theatro Argentina gesessen zu haben. Auch hier sollte man sich wieder gut über das Programm und die eventuellen saisonbedingten Vergünstigungen informieren. Denken Sie aber auch daran, daß in Italien die Organisation immer etwas zu kurz kommt. Verlassen Sie sich deswegen nicht auf telefonische Vorbestellungen und überprüfen Sie jede Information lieber doppelt. Das Theater ist auch in Italien eine Kulturveranstaltung für alle geworden, und man wird ebenso junge Leute in Jeans, wie ältere Damen mit Perlenkette und Pelz unter den Gästen finden. Sie können häufig auch kurzfristig zu einer Vorstellung hingehen. Karten erhält man immer noch. Offizielle Vorverkaufsstellen existieren nicht, es sei denn, sie werden speziell unter dem Programmanschlag angegeben. Das Beste ist, Sie holen sie während der Öffnungszeiten im Theater ab.

Anfitrione, *Via S. Saba 24 (5750827)*
Argentina, *Largo Argentina 52 (6544601)*

Belli, *Piazza S. Appolinia 11/a (5899875)*
Dei Servi, *Via del Mortatro 22 (6795130)*
Dei Satiri, *Via di Grotta-Pinta 19 (6561311)*
Delle Muse, *Via Forli 43 (862948)*
Eliseo, *Via Nazionale 183 (462114)*
Flaiano, *Via S. Stefano del Cacco 15 (6798569)*
Ghione, *Via delle Fornaci 37 (6372294)*
Guilio Cesare, *Viale G. Cesare 229 (384454)*
La Pyramide, *Via Benzoni 4 (5746162)*
Parioli, *Via Giosu Borsi 20 (8035523)*
Politecnico, *Via G.B. Tiepolo 13/a (3607559)*
Quirino, *Via Marco Minghetti 1 (6794585)*
Rossini, *Piazza Santa Chiara 14 (6542770)*
Salo Umberto, *Via della Mercede 50 (6794753)*
Sistina, *Via del Theatro Valle 23 (6543794)*
Theatro dell' Orologio, *Via dei Frippini 17/a (6548735)*
Theatro Tenda, *Piazza Mancini (393969)*

Konzerte

In Rom treten laufend italienische, aber auch internationale Künstler und Musikgruppen auf. Unbekanntere Künstler ziehen wegen des unmittelbaren Kontakts zum Publikum häufig ein intimeres oder auch geräumigeres Lokal vor. Wer mit einer größeren Zuhörerschaft rechnet, weicht auf einen der folgenden Konzertsäle aus:

Tenda Pianeta, *Viale de Coubertin-Florino*
Hier finden vor allem Auftritte internationaler Gruppen statt. Man erreicht das Konzertzelt am besten mit dem Bus Nr. 2 und 3.

Theatro Olimpico, *Piazzale Gentile da Fabriano-Flaninio (3962635)*
Dies ist der kleinste der 3 Konzertsäle; hier treten die Liedermacher und Stars auf. Er liegt auf der Höhe des Foro Italico am Lungotevere, aber auf dem anderen Flußufer. Am besten mit dem Bus 911 zu erreichen.

Pala EUR, *Piazzale dello Sport-EUR*
Nur für ganz große Konzerte geeignet. Tausende finden hier leicht Platz. Erreichbar am leichtesten mit der U-Bahnlinie B bis EUR Fermi.

Klassische Konzerte

Das Angebot der Konzerte mit klassischer Musik ist noch breiter als das mit moderner Musik. Die Stadt unterstützt mit zahlreichen Aktionen und attraktiven Angeboten das Interesse an klassischer- und Kammermusik. So spielen Mitglieder der "Filamonica Romana" fast jeden Sonntagvormittag 2 Stunden im Opernhaus Brancaccio. Der Eintritt kostet nur 3.000 Lire und das Angebot reicht von Verdi bis Mozart, Beethoven und Haydn. Auch andere Orchester haben diese Idee nun aufgegriffen und der Sonntagvormittag ist zu einem beliebten "Konzertvormittag" geworden. Dennoch geht nichts über das Erlebnis, sich abends, wenn die Hauptvorstellung in der Santa Cecilia beginnt, unter das Publikum zu mischen und die herrlichen Kleider der letzten Aristokraten von Rom zu bewundern, die zu diesem Anlaß ihre Zufluchtstätten verlassen. Das Musikerlebnis ist traumhaft schön, man verläßt den Saal wie auf Wolken schwebend, noch von den Klängen der Musik getragen. Das Orchester, das nur Spitzenkräfte einstellt, ist von unsagbarer Klasse. Auch die Eintrittspreise regen zum Staunen an. Für Studenten und Jugendliche kostet das Konzert oft nur 6.500 Lire. Allerdings sind eine halbe Stunde nach Öffnung der Kassen, alle Karten stets vergriffen. Viele kommen schon morgens um 5.00 Uhr und stellen sich an. Aber auch in vielen Kirchen werden regelmäßig und oft kostenlos Konzerte gegeben. Man sollte wie bei allen Veranstaltungen hier auf die Tagesaushänge achten. Die großen Säle befinden sich an folgenden Adressen:

Academia Filamonica Romana, *Via Flaminia 118 (3601702)*
Sala dell'Academia Santa Cecilia, *Via dei Creci 18 (6783996)*
Auditorium Pio, *Via della Concillazione 4 (65410144)*

Ballett, Oper und Operette

Auch für Ballett und Oper ist das Angebot sehr groß, besonders in den Sommermonaten. Das schönste Erlebnis ist es aber sicherlich, in den Ruinen der antiken Caracalla-Thermen einem Schauspiel beizuwohnen. Vor den Kulissen der alten, romantischen Mauerwerke erhebt sich hier im Sommer eine große Freilichtbühne, auf der berühmte Opern und Ballette aufgeführt werden. Die Karten, auch an der Abendkasse leicht erhältlich, kosten von 5.000 Lire aufwärts. Die großen Ballett- und Opernabende finden ansonsten im Opernhaus, La Opera, Piazza Beniamino Ciglo (461755) statt. Einige moderne Ballettgruppen treten auch im Rahmen des "Estate Romana" oder auf politischen Veranstaltungen auf. Dazu aber im nächsten Kapitel mehr.

Saisonveranstaltungen und Empfänge

Die größte Veranstaltung dieser Art ist sicherlich der *Estate Romana*. Da die meisten Römer während der heißen Sommermonate in Ferienhäuser ans Meer flüchten, hat vor einigen Jahren, unter der Regierung der PCI (Partito Comunista Italiano), ein Programm eingesetzt, um das Verweilen in der Stadt attraktiver zu gestalten. Man hofft so, erstmal die eigenen Strände wieder zu beleben, aber auch die wirtschaftliche Struktur der Stadt auch während der Sommermonate erhalten zu können. Darüberhinaus ist es sicherlich auch eine Maßnahme für Touristen, denn der "Estate Romana" hat wirklich etwas zu bieten. Hier nun einige der jährlich wiederkehrenden Veranstaltungen.

Isola Tiburtina
An den Ufern, rund um die Tiberinsel liegt ein offenes Vergnügungsgelände. Jeden Abend kann man hier Filme sehen, spielen, bis nachts um 2.00 Uhr tanzen oder nur gemütlich in einer der Sitzgruppen miteinander reden. Jeder Abend sieht andere Künstler auf der großen Bühne, vom Ballett zum Rockstar bis hin zum Kabarettisten.

Ballo, ma non sole
Diese große Freiluftdiskothek ist vom Tiber in das Regierungsviertel EUR verlegt worden. Im Schatten der von Mussolini erbauten Gebäude tanzt man bis zum Morgengrauen. Oft stehen die Abende unter einem

bestimmten Motto oder es finden Modeschauen und Konzerte statt. Einige Verkaufsstände, Bierhäuser und ein Klavier sind auch immer dabei.

Giardino Botanico
Im botanischen Garten in Trastevere werden Sie als Jazzfan in romantischer Atmosphäre einem der zahlreichen Jazzkonzerte beiwohnen. Der ansonsten selten zu besichtigende Garten steht dann allen offen.

Manzoni
Unter der PCI gab es im EUR während des Sommers ein großes Freilichtkino; unter der jetzigen Stadtverwaltung ist dieses Programm, trotz lauter Proteste, nicht mehr eingeplant worden. Es gibt jetzt nur die Möglichkeit, mit einer Eintrittskarte nacheinander fast alle Kinosäle während desselben Tages besuchen zu können; Programme sind überall erhältlich oder in den Tageszeitungen abgedruckt.

Juni/Juli Tevere Expo
- Große Ausstellungen der Regionen Italiens.
Entlang des Tiber präsentieren auf beiden Uferseiten Stände Besonderheiten aus allen Gegenden des Landes. Das geht vom Kunstwerk bis hin zum Honig und handbemalten Stoff. Künstlerische Darbietungen und musikalische Untermalung begleiten den Besucher auf seinem Rundgang.

Festa de Noantri (Mitte Juli).
Ein altes Volksfest zu Ehren der "Madonna del Carmine", das im Stadtviertel Trastevere gefeiert wird. Lichterketten, Abendessen im Freien und viel Musik unterstreichen die lustige Feststimmung.

Modetage (Dezember)
Mailand hat Rom, was die Mode betrifft, eindeutig den Rang abgelaufen. So sagt man zumindest. Daß dem aber nicht ganz so ist, daß in Rom sehr wohl begabte Modedesigner arbeiten und daß Rom vor allen Dingen auf der künstlerischen Ebene Mailand ebenbürtig ist, all das versucht man, in den einmal jährlich organisierten "Modetagen" aufzuzeigen. Die Veranstaltung ist nicht zu verwechseln mit den Modeschauen der "Großen" aus der Modebranche, wie Valentino, Ferre, Currie u.a., die auch in Rom abgehalten werden. Sie fördert eher unbedeutendere Modeschöpfer und vermittelt dem breiten Publikum einen

Eindruck über das Geschehen innerhalb der Mode. So finden neben Modeschauen, auch Diskussionen, Informationsnachmittage und Vorträge statt. Während des ganzen Jahres wird man aber auch außerhalb dieser Veranstaltungen oft die Gelegenheit haben, eine Modenschau zu besuchen. Etwa im noblen Hotel Exelsior in der Via Veneto oder einem Theater.

Ein weiteres, unvergeßliches Erlebnis ist es im Sommer die *Filarmonica Romane* zweimal wöchentlich auf dem Kapitolsplatz unter freiem Himmel musizieren zu hören. Diese Veranstaltung ist immer sehr gut besucht und auch hier sollte man sich früh genug um Karten bemühen.

Das sind die regelmäßig stattfindenden Veranstaltungen. Weitaus vielfältiger sind die Angebote der einmalig organisierten Veranstaltungen, sei es seitens der Stadt, der *Ente per il Turismo*, einer Partei, einer religiösen Gruppe, eines Verbandes oder eines Stadtviertels. Der Reiz der Stadt liegt auch gerade in diesen Angeboten. Man bekommt ständig Neues geboten, verbindet Information mit Vergnügen, gibt wenig Geld aus und entdeckt die verschiedensten Seiten der Gesellschaft. Ich kann nur immer wieder anregen, auf die Veranstaltungskalender zu achten. In den Kapiteln "Festtage/Wissenswertes" und "Messen" und "Ausstellungen" werden Sie noch einige andere regelmäßige Veranstaltungen und Feste finden.

Nachts geöffnet

Tabakladen

Bar Aquila, *viale Trastevere 283-285 – Trastevere (5890853)*
Sonntag Ruhetag, geöffnet bis 3.00 Uhr. Heiße *cornetti* ab 24.00 Uhr, um die Nächte zu versüßen und Zigaretten bis 3.00 Uhr nachts.

Bar Belvedere, *Viale America 250-EUR (5914930)*
Montag Ruhetag; geöffnet bis 3.00 Uhr. Am See des Regierungsviertels liegt diese nette Snackbar, die auch Tabakwaren vorrätig hält.

Bar Bianchi, *Via Ostiense 197-Ostiense*
Samstag Ruhetag, geöffnet bis 1.30 Uhr. Kombination von Eisdiele und Bar. Im Freien sitzt man an Tischen. Gute Musik; Zigaretten.

Bar Castellino, *Piazza Venezia (Ecke Cesare Battisti)*
-Centro Storico (5792404)
Sonntag Ruhetag, geöffnet bis 4.00 Uhr. Im Herzen Roms, fast 24 Std. geöffnet. Außer Zigaretten gibt es auch noch Schmuck, Eis, frisches Bier und guten Kaffee. Tische im Freien.

Long Night Bar, *Circonvallazione Trionfale 73-75 – Prati (389102)*
Montag Ruhetag. Rund um die Uhr geöffnet, besonders gegen 4.00 Uhr morgens, trifft man hier die seltsamsten Gestalten.

Lanterna Rossa, *Via di Ponziano 29/31 – Monteverde*
Sonntag Ruhetag, geöffnet von 7 Uhr bis tief in die Nacht. Oberhalb des Gassengewirrs von Trastevere liegt diese Bar-Birreria neben dem Kino "Garden". Man kann den Zigarettenkauf mit einen Bier im Freien verbinden.

Tabakwaren kriegen Sie auch bei folgenden Adressen:

Piazza San Giovanni Battista de la Salle 9 – Aurelio (bis 1 Uhr)
Via Igea 7 – Camilucia (bis 24 Uhr)
Via del Parco Mellini 90 – Monte Mario (bis 2 Uhr)
Viale America 143 – Eur (bis 4 Uhr)
Via Veneto 97 – Ludovisi (bis 2 Uhr)
Piazza Pontida – Nomentano (bis 23 Uhr)
Porta Pia – Nomentano (bis 1 Uhr)
Via Ostiense (gegenüber der Pyramide) – Ostiense (bis 1 Uhr)
Via G. Parrasio – Trastevere (bis 1.30 Uhr)
Piazza Crociferi – Trevi (bis 2.30 Uhr)

Nachts geöffnete Tankstellen

In ganz Rom existieren Tankstellen mit automatischen Zapfanlagen. Man legt dort 10.000 Lire ein und kann dann für diesen Betrag tanken. Leider hat man oft genau diesen Schein nicht, oder aber der Apparat nimmt zwar dankend ihr Geld an, verweigert aber die Ausgabe des Benzins. Verläßlicher ist es, eine nachts geöffnete Tankstelle mit Service anzufahren. Sie liegen meistens auf den großen Ausfallstraßen der Stadt.

Via Appia 631;
Via Appia (Ecke Via Cessati Spiriti);

Via Appia Km 11;
Via Tuscolana (Ecke Via Cabiria);
Via Laurentina 453;
Via Marco Polo 116;
Via Aurelia 23;
Via Aurelia 570;
Via Aurelia 788;
Via Aurelia Km 8;
Corso Francia (Ecke via di Vigna Stelluti);
Piazza Bonifaci;
Cir. Gianicolense 340;
Piazzale della Radio;
Via Quirino Majorana;
Via Prestina (Ecke Via Dei Ciclamini);
Via Prenestina 734;
Via Prenestina Km 11;
Via Casilina 930, Via Salaria km 7;
Via Tiburtina Km 12;
Lungotevere Ripa 8;
Via Aviastasio II 268.

Direkt vom Bäcker

Bäcker arbeiten bekanntlich auch nachts, und in diesen Stunden weht in den Gassen von Rom ein verlockender Duft. Zwei Bäcker haben die Lizenz erhalten, ihre ofenfrischen *cornetti* und andere römische Spezialitäten auch nachts zu verkaufen. Ab 1 Uhr stehen die Nachtbummler Schlange, um einen dieser heißen Leckerbissen zu erstehen:

Vicolo dei cinque – *Trastevere*
Hier fehlt es etwas an Atmosphäre, da einfach zu viele Kunden kommen.

Via Giuseppe, *Gioacchino Belli 19*

Wer länger bleiben möchte

Dem Italienischstudenten, dem Theologen, dem Archäologen, dem Architekten oder dem Künstler bietet Rom genug Geschichte und Möglichkeiten zur Erweiterung ihres Wissens. Aber auch nur der Sonne, der Italiener und der Atmosphäre wegen kann man durchaus eine Zeit lang in Rom verweilen. Aber wenn im Urlaub das Leben in italienischen Ortschaften leicht, freundlich und ungezwungen erscheint, so ist der Alltag oft nicht so. Italien hat keinen organisierten Sozialstaat, jeder denkt an sich und seinen eigenen Vorteil bei allem, was über die normale Gastfreundschaft hinaus geht. Ellbogenkraft und Wachsamkeit sind gefragt. Von daher stößt man nicht nur auf die üblichen Probleme eines Ausländers in einem fremden Land. Man sollte bei allen Angeboten, sei es Wohnung, Job oder anderes, lieber doppelt kontrollieren, ob alles in Ordnung ist und sich, wenn möglich, alles schriftlich geben lassen.

Rom leidet zudem unter einer völlig unzureichenden Infrastruktur. Die Stadt ist mit ihren rund 3,5 Millionen Einwohnern – Pendler einbezogen – völlig überfordert. Es herrscht ein schreckliches Verkehrschaos sowie Wohnungs- und Arbeitsmangel und es fehlt an sozialen Einrichtungen wie Sportmöglichkeiten, Altersheimen, Begegnungsstätten, Altenhilfsdiensten und vielem mehr. Man fühlt sich oft alleine in dem überwältigendem Chaos. Mit ihrer lockeren Art: "Immer mit der Ruhe", bereiten die Italiener ihren Mitmenschen den Gang zu einer Behörde, zum Arzt oder auch zum Einkauf oft zum Alptraum. Selbst die Römer kritisieren diese Lebensbedingungen, sind aber innerlich zu sehr an ihre Stadt gebunden, um wegzuziehen. Damit möchte ich aber niemandem von einem Rombesuch abraten. Man sollte sich nur bewußt sein, daß das Fußfassen hier schwer sein wird. Dafür wird man ja auch täglich tausendfach belohnt durch den Zauber der Stadt, den ungewöhnlich schönen Lichtverhältnissen und natürlich durch das herrliche Wetter.

Man entgeht vielen Problemen, wenn man sich vor der Anreise gut vorbereitet. Das heißt, man sollte sich vorher schon genau darüber im klaren sein, was man in Rom machen möchte und schon alles Nötige von zuhause aus in die Wege leiten. Der Kontakt zum Ausland ist für die Italiener von großer Wichtigkeit, und wer offiziell von einer Gesellschaft oder Firma seines Heimatlandes in seinem Vorhaben unterstützt ist, wird gleich viel höher eingestuft und zuvorkommender behandelt.

Krankenversicherung
und Aufenthaltsgenehmigung

Aufenthaltsgenehmigung

Das ist die erste Hürde nach der Ankunft. Für EG-Angehörige aber kein allzugroßes Problem. Es fragt normalerweise auch keiner danach, da man ja immer angeben kann, gerade erst gekommen zu sein. Notwendig wird sie bei der Arbeitssuche und Einschreibung an den Universitäten sowie bei der Übertragung der Krankenversicherungsleistungen auf längere Zeit nach Italien. Wie erhält man aber eine solche Aufenthaltsgenehmigung? Das ist leider wieder einmal mit einem unangenehmen Gang auf eine italienische Behörde, der Questura, verbunden. Man sollte möglichst früh, d.h. gegen 7.00 Uhr dort sein, da meist und gerade im Sommer sehr viele Anwärter kommen und ab einer gewissen Zahl niemand mehr eingelassen wird. Das Amt ist von 7-12 Uhr, montags und donnerstags auch von 15-18 Uhr geöffnet. Was muß man mitbringen? Bei dieser Frage fangen die Schwierigkeiten an, denn oft bestimmen Willkür und Launen der Beamten, wie schnell und unkompliziert man seine Genehmigung erlangt. Mitzubringen sind: drei Paßbilder, eine Fotokopie des Personalausweises, der Nachweis einer Krankenversicherung (Formular E111, am besten mit Stempel des Konsulats), ein Nachweis der Verdienstquellen (Unterstützungsbestätigung der Eltern, Kontonachweis) sowie eine Studien- oder Einstellungsbescheinigung des zukünftigen Arbeitgebers. Als Studienbescheinigung gilt die Einschreibung an einer beliebigen Schule oder Universität.

Questura, *Via S. Vitale 15 (4686).*
Der Eingang zum Ausländeramt befindet sich in der Via Genova.

Krankenversicherung

Für alle, die weniger als ein halbes Jahr in Rom bleiben, reicht es völlig aus, mit dem befristeten Formular E111, das die Krankenkasse ausstellt, an der U.S.L. – Behörde des Stadtviertels, in dem man seine Adresse hat, ein "Libretto" zu verlangen, mit dem dann die Leistungen der Ärzte im staatlichen Gesundheitswesen kostenlos beansprucht werden können. Bei Besuch privater Ärzte muß man die Rechnung persönlich an die Krankenkasse weitergeben.

Wer für unbestimmte Zeit in Rom bleibt, seine Krankenversicherung zuhause aber nicht aufgeben möchte, hat die Möglichkeit, mit der Aufenthaltsgenehmigung, dem Formular und der "Residenza", der Wohnsitzbescheinigung, eine unbefristete Inanspruchnahme der Leistungen in Italien zu bewirken.

Wer alle Brücken abbrechen und sich auch in Italien krankenversichern möchte, sollte sich bei den U.S.L. nach den monatlichen Beiträgen erkundigen. Unterhalb einer gewissen Einkommensgrenze kann die Krankenversicherung auch kostenlos erfolgen, das ist aber ein ziemlicher bürokratischer Aufwand. Auch für Studenten ist der Beitrag gering.

Um nochmal auf die eben im Zusammenhang mit der Krankenversicherung erwähnten "Residenza" zurückzukommen: das ist die Wohnsitzanmeldung, bei der man auch einen italienischen Ausweis, der nur im Staatsgebiet gültig ist, erhält. Sie hat weiter keine Vor- oder Nachteile. Die Wohnsitzbestätigung ist immer so lange gültig wie die Aufenthaltsgenehmigung. Man muß bei der Ausstellung dieses Dokuments seinen Wohnsitz zuhause nicht aufgeben. Die Ämter sind nicht miteinander verbunden, und es ist unwesentlich, wieviele Wohnsitze man noch in anderen Staaten hat. Für außereuropäische Völker oder Flüchtlinge sind diese Dokumente weitaus wichtiger.

Wohnung

Das zweite große Problem – denn ein Dach über dem Kopf, das braucht man schon, wenn man länger bleiben möchte. Hier kommt es natürlich sehr auf den Geldbeutel, die eigenen Wünsche und Vorstellungen an.

Die einfachste und bequemste Lösung ist es, eine Pension zu suchen, in der man sich häuslich einrichten kann. Die preiswertesten Pensionen kosten um die 400.000 Lire. Noch preiswerter, aber auch enger aufeinander wohnt man z.B. in den kirchlichen Institutionen, die in Mehrbettzimmern Studenten unterbringen. Einige Adressen sind im Kapitel "Wohnen in Rom" genannt.

Wer ganz für sich wohnen möchte, muß auf Wohnungssuche gehen. Kein leichtes Unterfangen, vor allem wegen der gesalzenen Mieten. Ein möbliertes Zimmer ohne eigenen Eingang kostet je nach Lage und Größe zwischen 300.000-450.000 Lire. Billiger kommt es sicherlich, wenn man zu mehreren eine größere Wohnung mietet und in einer Wohngemeinschaft lebt. Angebote dieser Art oder für Wohnungen, die für einige Monate wegen Urlaubs oder ähnlichem meist von Studenten günstig vermietet werden, hängen am Aushangsbrett des Goetheinstituts bzw. der österreichischen und schweizer Kulturinstitute sowie der Herder-Bücherei. Wer hier nichts findet, sollte es über römische Bekannte versuchen. Erst, wenn auch dies nicht möglich ist, würde ich zur Zeitung greifen. Bei der Wohnungssuche über Annoncen nämlich, kann man die unmöglichsten Dinge erleben, aber selten ein nettes, preiswertes Zimmer finden – es sei denn außerhalb des Stadtzentrums. Anzeigen erscheinen dienstags und samstags im *Porta Portese* und sonntags im *Messagero*. Man kann auch selber in diesen Zeitungen inserieren. Bei *Porta Portese*, Via Porta Maggiore 95, erfolgen die Annoncen kostenlos. Den *Messagero* finden Sie in der Via Tritone 152, Tel. 47201.

Mit etwas Glück findet man vielleicht auch an den Universitäten oder Bibliotheken Aushänge mit Wohnungsangeboten. Die freien Zimmer gehen aber eher durch Mundpropaganda weg, so daß ein Gespräch oft mehr bringt als stundenlanges Suchen.

Jobs

Über dieses Thema ließe sich ein ganzes Buch füllen, denn man müßte eine allgemeine Studie der Job- und Arbeitsmöglichkeiten betreiben, bei der man dann aber auf jeden Beruf einzeln eingehen müßte. Denn trotz Arbeitslosigkeit und schlechter Organisation wird man mit etwas Initiative sicherlich etwas finden.

In Einzelheiten zu gehen, würde den Rahmen dieses Buches sprengen. Hier nur einige ganz allgemeine Tips. Denken Sie bei der Arbeitssuche stets daran, daß sie ein großes Plus haben: Sie sind der deutschen Sprache mächtig! Das mag jetzt als lapidare Feststellung erscheinen, ist gegenüber den weniger sprachgewandten Italienern aber von großem Vorteil. Auch die Tatsache, daß man Ihnen als Deutschem, Schweizer oder Österreicher gewisse Charakterzüge wie Ordentlichkeit, Zuverlässigkeit, Pünktlichkeit und Fleiß zuschreibt, kann Ihnen in diesem Fall nur nützlich sein. Mädchen haben es leichter einen Job zu finden. Immer werden Au-Pair Mädchen, Babysitter oder Gesellschafterinnen älterer Damen gesucht. Nähres dazu im *Au-Pair Handbuch* von Kai Matthiesen im Verlag *interconnections*. Bei diesen Arbeiten löst man auch das Wohnungsproblem. Außer Kost und Logis bekommt man gewöhnlich 250.000 Lire ausgezahlt. Die Arbeitsstunden sollten 6 Stunden am Tag betragen, oft werden es aber mehr. Weitere Quellen für Informationen und Angebote sind selbstverständlich dem vorigen Kapitel zu entnehmen, sowie bei folgenden Adressen in Erfahrung zu bringen:

Eureka, *Tel.: 8445505*
Ein telefonischer Jobvermittlungsservice, bei dem man seine Fähigkeiten aufnehmen läßt und einfach seine Telefonnummer für einen schnellen Kontakt angibt.

AAM, *Via dei Banchi Vecchi 39, Tel. 6565016*
Eine alle zwei Monate erscheinende Jugendzeitschrift, die kostenlos Annoncen annimmt und Stellen vermittelt in den Bereichen der Medizin, der alternativen Landwirtschaft und der Nahrungsforschung.

Caritas-Verband -
Vermittlung von Au-Pair-Stellen und anderen Gelegenheitsarbeiten. *Piazza San Calisto 16 – Trastevere Tel. 6987197.*

Gute Chancen gibt es außerdem im Sommer als Kellner(-in) in den vielen Bars und Restaurants, in allen Sprachschulen als Deutschlehrer – Personen mit entsprechender Ausbildung werden bevorzugt – und auf den vielen Messen und Veranstaltungen als Hosteß zu arbeiten. Die deutsche Botschaft am Vatikan sucht manchmal Übersetzer für die Ansprachen der Geistlichen ins Deutsche. Wer ein Praktikum, etwa in einem Theater oder in einer Kunstgalerie, durchführen möchte, ist leider auf sein Glück und auf seine Ausdauer angewiesen. Man muß immer wieder hingehen, sich mit den entsprechenden Leuten unterhalten, sich mit ihnen bekannt machen; nur so hat man eine Chance.

Universität und Schulen

Wer ein Auslandssemester einlegen möchte, sollte sich rechtzeitig darum bemühen. Bis April des jeweiligen Jahres muß man sich bei dem italienischen Kulturinstitut seines Landkreises zuhause beworben haben. Zwei Sprachtests muß man durchstehen: einer noch vor der Zuteilung an eine italienische Universität im Kulturinstitut, der zweite im Oktober an der jeweiligen italienischen Universität. Letzterer ist schwerer und fachlich orientiert. Der DAAD und andere zuständige Institutionen Ihrer Hochschule werden gern Auskunft geben. Deutsche können auch das BAFÖG weiterbeziehen. Dafür muß man sich an das Bezirksamt Charlottenburg in Berlin wenden. Versuchen Sie doch auch ein Stipendium für Ihren Auslandsaufenthalt zu ergattern. Die Möglichkeiten sind in den letzten Jahren ungemein gestiegen. Fragen Sie mal bei der Studienberatung nach. Wollen Sie sich direkt bei stipendienvergebenden Stellen in Italien bewerben, so kann Ihnen "*Study Abroad*", herausgegeben von der Unesco in Paris und vertrieben durch "interconnections" nützlich sein. Der Wälzer, etwa ein Kilo schwer, enthält auf über 1300 Seiten Informationen über Stipendien weltweit.

Universität

In Rom gibt es zwei staatliche Universitäten, "La Sapienza" und "Tor Vegata". Erstere ist die große Universität im Zentrum, deren Gelände, "la Città universitaria", sich vom Bahnhof zur Piazza Bologna und der Kirche San Lorenzo erstreckt. Sie ist nicht besonders schön gelegen und die Studentenzahl ist nicht mehr überschaubar. Es ist durchaus normal, wenn 200 Leute denselben Kurs besuchen. Man verlangt deswegen auch immer mehr nach dem Numerus Clausus. Um die Studenten etwas besser zu verteilen, ist deswegen auch die zweite Universität im Süden der Stadt entstanden. Man erreicht sie am besten mit der U-Bahn-Linie A und steigt bei der Station Atragnina aus.
Die genauen Adressen lauten:

Universita "La Sapienza", *Piazzale Aldo Moro 5 (4991)*
Universita degli studi "Tor Vegata", *Via Lucullo 11 (484738)*

Auch die Universitäten des Vatikans, an denen nicht nur Theologen studieren, sind sehr gefragt und von gutem Ruf.

Pontificia Universita di San Tommaso
Theologie, Kirchengestz und Philosophie

Pontifica Universita Salisiana
Soziologie

Pontific Instituto Biblico
Archäologie und biblische Geographie

Pontifico Instituto di Aracheologia Christiana
Spezialisierung für Doktoren der alten Literatur, Jurisprudenz oder Theologie

Pontifico Instituto di Musica Classica
Institut für klassische Musik

Pontifico per Studi Orientali
Institut für orientalische Studien

Pontifico Universita Fregoriana
Theologie, Kirchenrecht, Philosophie, Kirchengeschichte, Missionswissenschaft, Heilige Schrift

Kunstakademien und Fachhochschulen

L'Academia di belli Arti, *Via Ripetta 222 (3608005)*
Bühnenbild, Malerei, Skulptur und Dekor. Anmeldung bis Juni des jeweiligen Jahres. Kursdauer: 4 Jahre. Aufnahmeprüfung.

**L'Academia internazionale d'Alta Moda a d'Arte
del Costume Koefia,** *Via Cola di Rienzo 203 (319807);*
Schulgeld.

L'Academia di arte Drammatica *" Silvio D'Amico",
Lungotevere Mellini 10 (3607648)*
Ausbildung zum Schauspieler oder Regisseur.

L'Academia Archeologica Italiana *Via San Nicola da
Tolentino 21 (461844)*

L'Academia di Santa Cécilia *Via Vittoria 6 (6783996)*
Musikhochschule

Großer Vorteil dieser Schulen ist es, die Studentenzahlen beschränkt zu haben sowie der praxisbezogene Unterricht und die Ausrichtung des Studiums auf internationaler Ebene. Einschreibungen sind bis Juni an der jeweiligen "Academia" möglich; Aufnahmetest.

Private Institute und Schulen

Daneben existieren eine ganze Reihe privater Initiativen, vor allem die künstlerische Ausbildung betreffend. Jede Woche erscheint im *Trovaroma* der *Republica* eine Seite unter der Überschrift *Scuola nuova*, der man die Anschrift neugegründeter Schulen und deren Zielsetzung, das Angebot an Seminaren und vielen Lehrveranstaltungen entnehmen kann. Da diese Veranstaltungen meist auf private Initiative durchgeführt werden, ist ein Kostenbeitrag zu entrichten. Hier einige der wichtigsten privaten Institute und Schulen:

Institito di Grafica d'Arte, *Rontecelio (Ort vor Rom)*, *Tel.:07741 / 310577.*
Wenige Kilometer vor Rom liegt dieses Institut, das die verschiedenen Techniken des Gravierens lehrt. Unterkunftsmöglichkeiten vorhanden; Kurse für Ausländer, Grafikseminare und Druckereischule.

Gruppo Archeologico Romano, *Via Tacito 41 (38239)*
Das Institut bietet Ferienlager für Jugendliche zwischen 11-15 Jahre mit Interesse an Archäologie, Restaurierung von Keramik, Erstellung archäologischer Mappen, Forschungen in etruskischen Gebieten.

Agissus, *Via di Creci 18 (6789258)*
Mit der Academia di S. Cecilia verbunden, organisiert das Institut Musikgruppen für jungen Leute.

Lo Scaldavivanda, *Via Flaminia Vecchia 573 (3279017)*
Kochkurse für italienische und internationale Gerichte.

Sprachschulen

Man sollte den Besuch einer Sprachenschule in sein Programm aufnehmen, um ein grammatisches Grundgerüst zu erwerben, das ungemein
das Erlernen der Sprache erleichtert.

Dante Alighieri, *Prazza Firenze 27 (6781105)*
Das ist die Sprachenschule der Au-Pair Mädchen in Rom. Sie ist auch
die preiswerteste. Die Kurse erstrecken sich über jeweils zwei Monate.
Nach dem vierten Kurs kann man eine Prüfung ablegen. Der Unterricht
findet zweimal wöchentlich 1 1/2 Stunden statt, der Intensivkurs viermal
die Woche. Es können auch Kurse über italienische Sprach- und Kunst-
geschichte belegt werden.

Scuola Italiana, *Via Serchia 8*
Centro linguistico Italiano, *Via B. Marliano 4 (8389239)*
Dilit International House, *Via Magenta 5 (492592)*

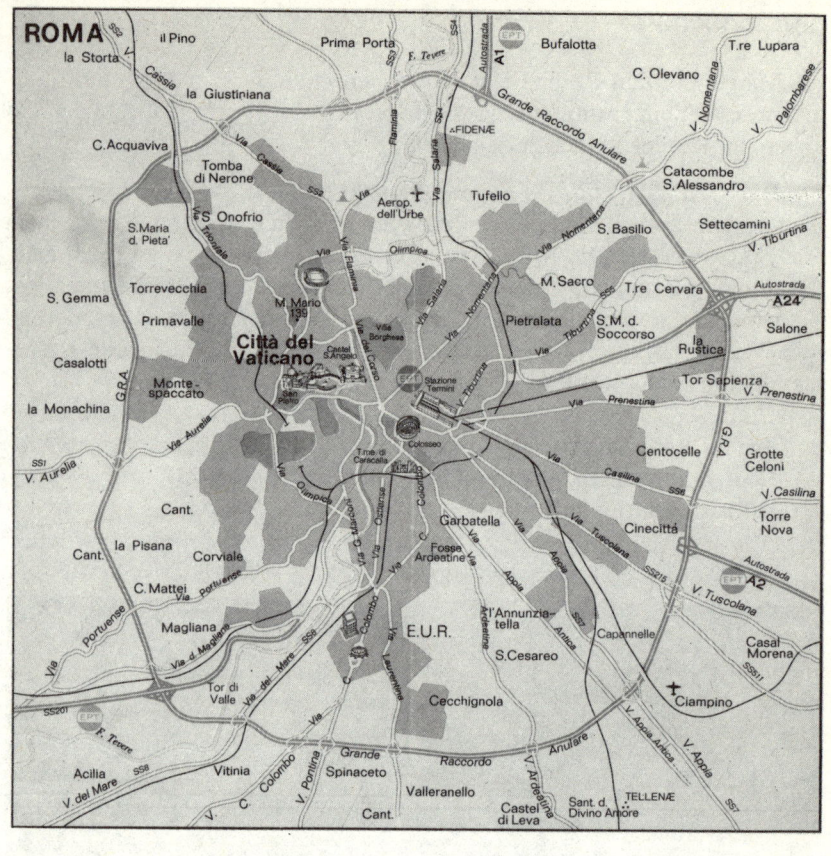

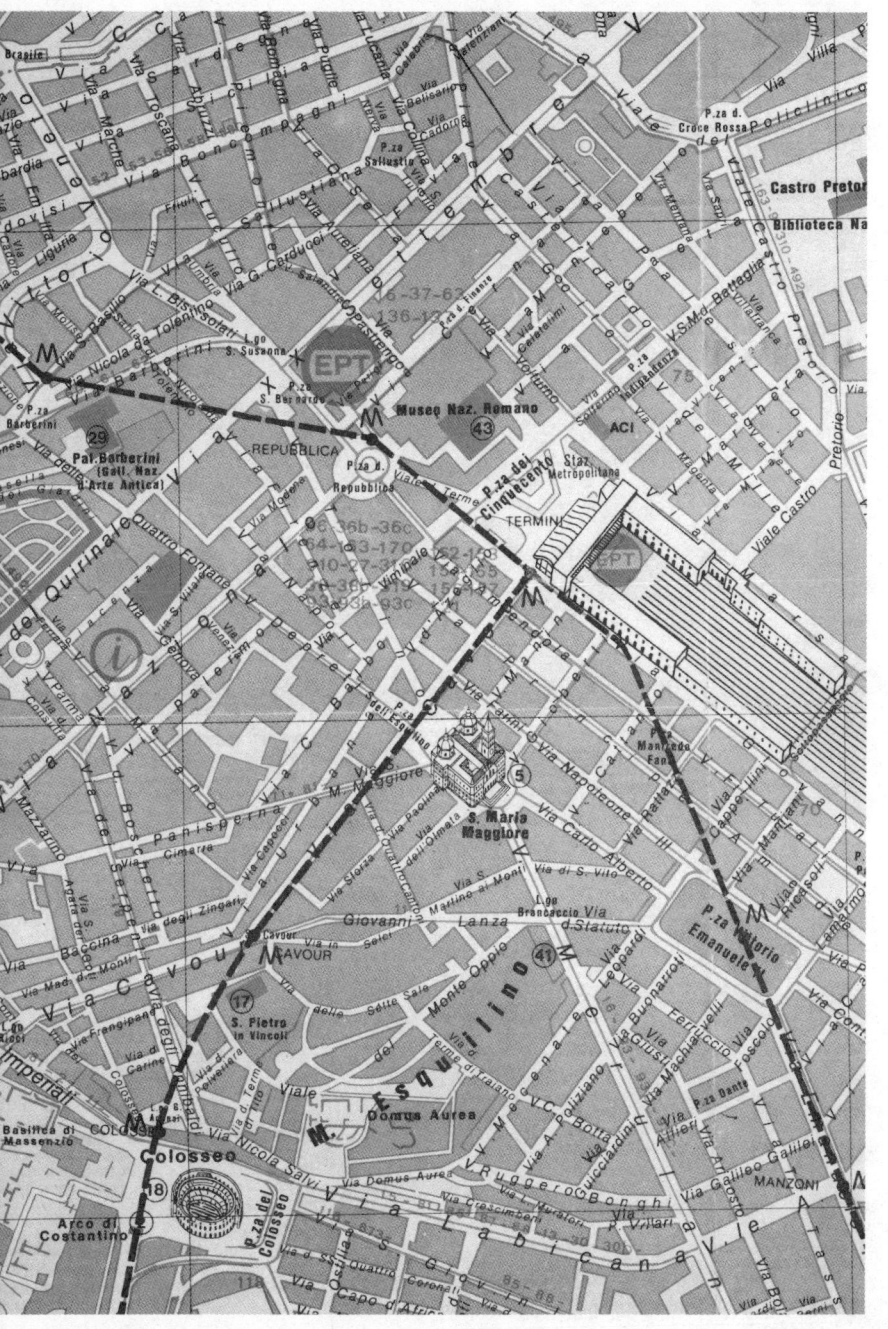

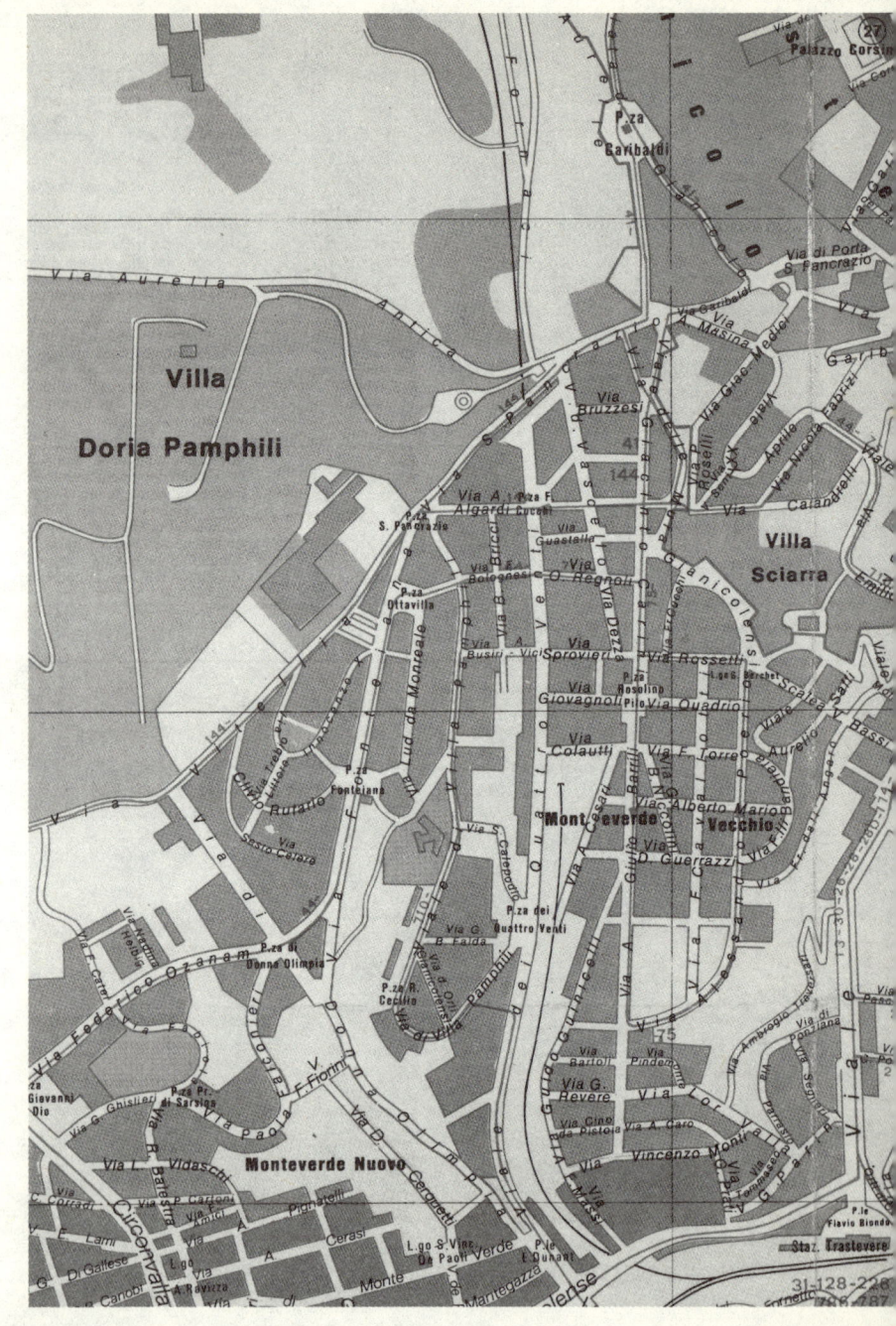

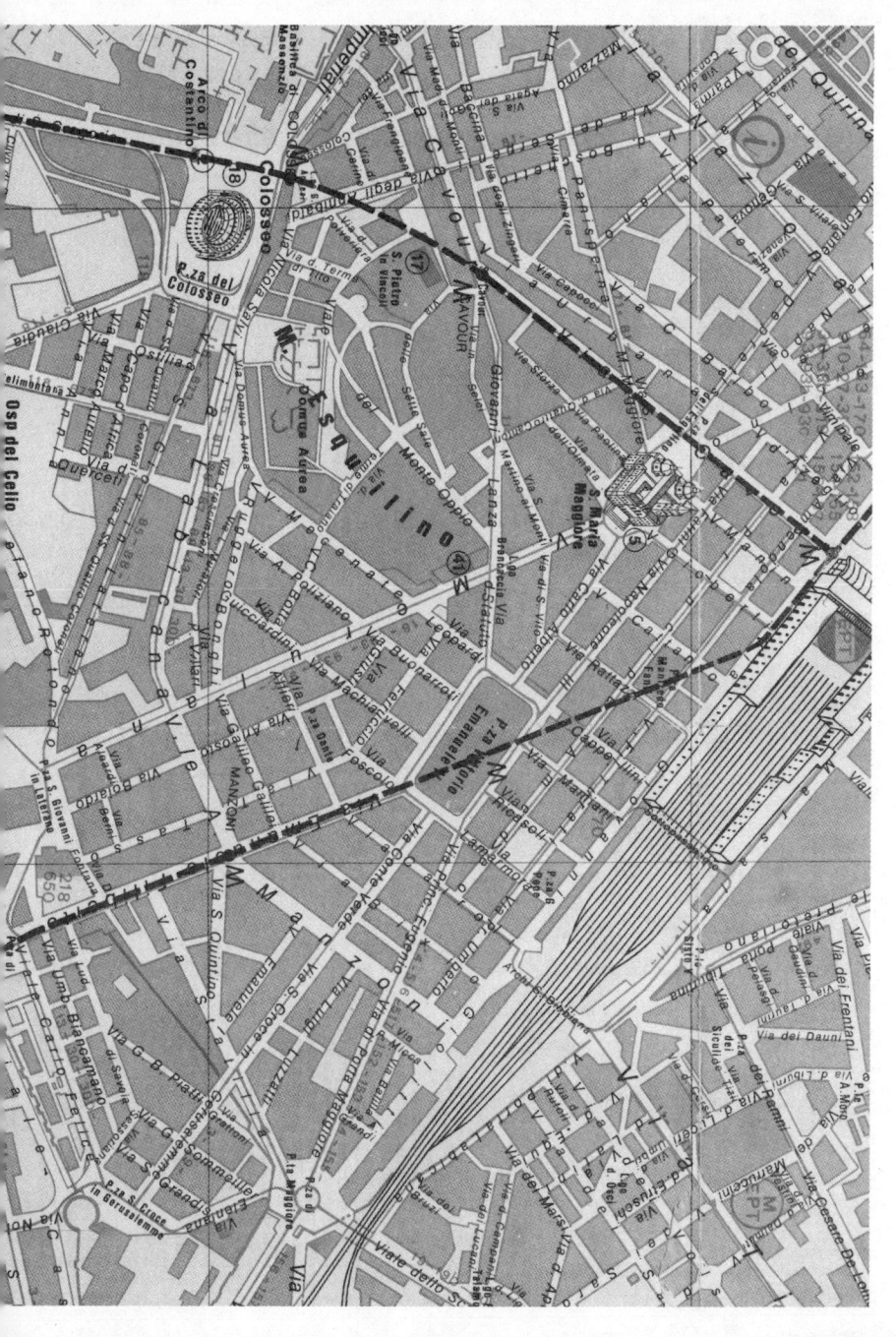

Das neue Programm

- Reihe „Jobs Konkret" – Tausende von Arbeitgeberangeboten:
- Jobben Weltweit   DM 24,00
- Das Au-pair-Handbuch   DM 19,80
- Kibbuz Konkret   DM 23,60
- Ferienjobs und Praktika – USA   DM 24,60
- Ferienjobs und Praktika – Großbritannien   DM 22,80
- Ferienjobs und Praktika – Europa und Übersee   DM 24,80
  ab Januar '89:
- Jobben Unterwegs   DM 26,80

- Reihe „Wegfahren und Geld sparen":
- Paris Preiswert   DM 26,80
- London Preiswert   DM 24,80
- Rom Preiswert   DM 24,80
- Madrid Preiswert   DM 24,80
- Wien Preiswert   DM 24,80
- Amsterdam Preiswert   DM 22,80
- San Francisco Preiswert   DM 24,80
  ab Mai '89
- Übernachten Preiswert – USA   DM 26,80

- Reihe „Reisefieber":
- Großbritannien   DM 26,80
- Griechenland   DM 26,80
- Italien   DM 26,80
- Spanien   DM 26,80
  ab Frühjahr '89:
- Paris   DM 26,80
- Provence – Côte d'Azur   DM 26,80

- Mitfahrzentralen in Europa   DM 12,80

Prospekt über weitere Titel gegen frankierten Rückumschlag. Alle Bücher im Buchhandel oder Sofortversand gegen Scheck, Briefmarken o. ä.

INTERCONNECTIONS
Schillerstraße 44 – 7800 Freiburg i. Br. **07 61 / 700 650**